Robert Franz

Verbesserung der Servicequalität im Dienstleistungssektor durch die Kundenkontaktpunktanalyse

Robert Franz

Verbesserung der Servicequalität im Dienstleistungssektor durch die Kundenkontaktpunktanalyse

Wismarer Schriften zu Management und Recht, Band 64

www.wismarer-schriften.de

Franz, Robert

Verbesserung der Servicequalität im Dienstleistungssektor durch die Kundenkontaktpunktanalyse

Wismarer Schriften zu Management und Recht
Band 64

Herausgegeben von:
Prof. Dr. Jost W. Kramer
Prof. Dr. Karl Wolfhart Nitsch
Prof. Dr. Gunnar Prause
Prof. Dr. Andreas von Schubert
Prof. Dr. Andreas Weigand
Prof. Dr. Joachim Winkler

1. Auflage 2011 | ISBN: 978-3-86741-738-9

Inhaltsverzeichnis

Abbildungsverzeichnis

Tabellenverzeichnis

Anlagenverzeichnis

Vorwort

Robert Franz beschäftigt sich bereits seit geraumer Zeit mit Fragestellungen aus dem Kontext von Kundenzufriedenheit, Mitarbeiterzufriedenheit und Servicequalität. Während er im Rahmen seiner vor kurzem veröffentlichten Master-Thesis den Zusammenhang zwischen Mitarbeiterzufriedenheit und Kundenzufriedenheit untersucht hat, geht er in der nun vorliegenden Untersuchung auf die Verbesserung der Servicequalität mit Hilfe der Kundenkontaktpunktanalyse ein.

Dafür werden zunächst der Zusammenhang zwischen Kundenzufriedenheit und -unzufriedenheit sowie die Existenz von entsprechenden Toleranzzonen erläutert, bevor Kundenkontaktpunkte mit Hilfe von Blueprints sowohl theoretisch als auch empirisch erläutert bzw. untersucht werden. Dies geschieht am Beispiel einer Fitnessanlage, also einer Branche, die den Autor bereits seit geraumer Zeit interessiert. In gewohnter Weise werden die ermittelten Ergebnisse interpretiert und für Leser wie untersuchtes Unternehmen aufbereitet und mit Handlungshinweisen versehen.

Vor diesem Hintergrund ist der hier präsentierten Studie eine weite Verbreitung zu wünschen, um gerade in Dienstleistungsbetrieben die Servicequalität weiter voranzutreiben – und so einen Beitrag dazu zu leisten, dass Deutschland nicht länger als Servicewüste wahrgenommen wird.

Wismar, im Mai 2011

Wolfhart Nitsch   Jost W. Kramer

11

1. Einleitung

In den letzten Jahren führte eine Verstärkung der Wettbewerbsintensität in vielen Dienstleistungsunternehmen zu sinkenden Gewinnen. Dadurch wird es in diesem Sektor immer schwieriger, die Ergebnisse und Wachstumsraten der Vergangenheit zu übertreffen oder einfach nur aufrecht zu erhalten.[1] Auch die Fitnessbranche steht vor diesem Problem. Wo es Mitte der 1980er Jahre für viele Betreiber von Fitnessanlagen so gut wie keinen Wettbewerbsdruck gab, herrscht heute ein gnadenloser Kampf um jedes einzelne Mitglied. Stichworte wie Corporate Identity und Corporate Design beherrschen den Markt. Die klare Linie unterscheidet zwischen Discounter oder Premium. Werbeagenturen sind ständig damit beschäftigt, neue und einzigartige Strategien zu entwickeln um neue Kunden zu gewinnen.

Angesichts dieser Rahmenbedingungen rückt die Fokussierung auf die langfristige Bindung des bestehenden Kundenstamms und dessen Zufriedenheit mit der Dienstleistung, an Stelle der Gewinnung von neuen Kunden, in das Zentrum der marktpolitischen Überlegungen. Die weltweit erfolgreichsten Unternehmen haben dies schon längst erkannt. Sie alle verbindet eine Gemeinsamkeit: Im Mittelpunkt ihrer Strategie steht die Kundenzufriedenheit. Alles was diese Unternehmen tun, ist an den Wünschen und Bedürfnissen ihrer Kunden ausgerichtet.[2] Der Kunde wird sozusagen in den Problemlösungsprozess einbezogen, da es in vielen Fällen zwischen dem Dienstleistungskunden und dem Dienstleistungsanbieter zu Differenzen hinsichtlich der Wahrnehmung von Problemen kommt.

---

[1]   Vgl. Bruhn, M. (2011): Bruhn, M. (2011): Zufriedenheits- und Kundenbindungsmanagement, in: Hippner, H./Hubrich, B./Wilde, K. D. (Hrsg.): Grundlagen des CRM, S. 410.

[2]   Vgl. Würtenberger, A./Würtenberger, R. (2008): Angst vor der Kundenmeinung?, in: Fitness Management International, Nr. 3, S. 50.

Die vorliegende Arbeit wird im ersten Teil die Begriffe Dienstleistung, Kundenzufriedenheit und Kundenbindung erläutern und den Zusammenhang dieser Begriffe darstellen. Sie bilden die Basis für das Konstrukt der Kundenkontaktpunktanalyse, welche im Anschluss erklärt und im zweiten Teil dieser Arbeit am Beispiel einer Fitnessanlage angewendet wird.

Das Ziel ist es, die Probleme, die aus Kundensicht existieren, darzulegen und mit Hilfe geeigneter Verfahren in eine Rangfolge zu bringen. Anschließend soll anhand dieser Rangfolge eine Möglichkeit gefunden werden, ein vom Unternehmen zur Verfügung gestelltes Investitionsvolumen von 7.000 Euro optimal auf die Probleme an den kritischen Kontaktpunkten zu verteilen. Abschließend soll mit Hilfe des Beschwerdemanagements eine Möglichkeit gefunden werden, wie sich Probleme, die aus der Qualitätswahrnehmung der Kunden resultieren, sofort erfassen lassen.

2. Definition Dienstleistung

Der Begriff Dienstleistung geht auf das französische Wort „service" zurück. Dieses wurde aus dem lateinischen „servire" abgeleitet. Hierunter verstand man in seinen ältesten Bedeutungsinhalten eine Form des Sklavendienstes. Viele Jahre später erhielt der Begriff Dienste leisten den Inhalt, etwas Förderliches oder Nützliches zu tun.[3] Aus heutiger Sicht existieren bei der Definition von Dienstleistungen vier generelle Definitionsansätzen.[4] Zuerst ist die tätigkeitsorientierte Definition zu nennen. Sie besagt, dass was der Mensch tut, um seine physische und psychische Arbeitskraft mit oder ohne Verbindung zur materiellen Güterwelt in den Zweckbereich der menschlichen Bedürfnisbefriedigung zu bringen, eine Dienstleistung ist.[5] Dieser Definitionsansatz weist darauf hin, dass Dienstleistungen direkt am Menschen oder an materiellen Gütern erbracht werden können. Aufgrund der Weite dieser Begriffsauffassung, bietet die anwendungsbezogene Ebene der Abgrenzung nur wenige Möglichkeiten, marketingspezifische Besonderheiten abzuleiten.[6] Der zweite Definitionsansatz ist die prozessorientierte Definition, hierunter versteht man die Betrachtung der Dienstleistung als Tätigkeit, Prozess beziehungsweise Vorgang der Leistungserstellung zur Bedarfsdeckung Dritter. Insbesondere das sogenannte „Uno-actu-Prinzip" (Synchronisation von Produktion und Absatz) steht hierbei im Mittelpunkt. Gemäß der dritten, der ergebnisorientierten Definition werden Dienstleistungen als immaterielle Güter bezeichnet. Sie sind das Ergebnis eines Prozesses der Dienstleistungs-

---

[3]   Vgl. Bieberstein, I. (2001): Dienstleistungsmarketing, S. 25.
[4]   Vgl. Corsten, H. (1988): Dienstleistungen in produktionstheoretischer Interpretation, in: Wirtschaftswissenschaftliches Studium, 17. Jg., S. 81f.
[5]   Vgl. Schüler, A. (1976): Dienstleistungsmärkte in der Bundesrepublik Deutschland, S. 19.
[6]   Vgl. Meffert, H./Bruhn, M. (2006): Dienstleistungsmarketing, S. 29.

erbringung.[7] Den letzten Definitionsansatz beschreibt die potenzial-orientierte Definition. Dienstleistungen können als das durch Menschen oder Maschinen geschaffene Potential eines Dienstleistungsanbieters angesehen werden, spezifische Leistung beim Dienstleistungsnachfra-ger zu erbringen.[8] Nach diesen vier Definitionsansätzen ergibt sich die folgende Dienstleistungsdefinition.[9] Dienstleistungen sind selbständi-ge, marktfähige Leistungen, die mit der Bereitstellung und/oder dem Einsatz von Leistungsfähigkeiten verbunden sind (Potentialorientie-rung). Interne und externe Faktoren werden im Rahmen des Leis-tungserstellungsprozesses kombiniert (Prozessorientierung). Die Fak-torenkombination des Dienstleistungsanbieters wird mit dem Ziel ein-gesetzt, an den externen Faktoren, an Menschen oder deren Objekten nutzenstiftende Wirkungen zu erzielen.

Um eine Abgrenzung zwischen einer Dienstleistung und einer Sach-leistung herauszuarbeiten, findet man in der Literatur, dass das Spek-trum von Dienstleistungsangeboten äußerst breit und heterogen ist und sich eine Abgrenzung gegenüber Sachleistungen im Einzelfall als schwierig darstellt. Eine sehr sinnvolle Abgrenzung ist über die cha-rakteristischen Eigenschaften von Dienstleistungen durchzuführen. Im Gegensatz zu den greifbaren Sachleistungen sind Dienstleistungen real und nicht greifbar und somit immateriell. Folge dieser Immaterialität sind Nichtlagerfähigkeit sowie Nichttransportfähigkeit der Dienstleis-tung. Eine weitere wesentliche Eigenschaft stellt die Simultanität von Produktion und Konsumtion dar. Somit verfallen nicht in Anspruch genommene Servicekapazitäten und den damit entstandenen Kosten

---

7   Vgl. Bruhn, M. (2008): Qualitätsmanagement für Dienstleistungen, S. 23.

8   Vgl. Meyer, A./Mattmüller, R. (1987): Qualität von Dienstleistungen - Ent-wurf eines praxisorientierten Qualitätsmodells, in: Marketing ZFP, 9. Jg., Nr. 3, S. 187f.

9   Vgl. Meffert, H./Bruhn, M. (2009): Dienstleistungsmarketing, S. 19.

stehen keine Erlöse gegenüber.[10] Des Weiteren besteht bei Dienstleistungen zwischen Anbieter und Nachfrager immer ein direkter Kontakt, wohingegen das bei den Sachleistungen nicht immer der Fall sein muss. Abschließend ist zu erwähnen, dass bei der Leistungserstellung und Leistungsnutzung von Dienstleistungen Menschen beteiligt sind und somit ein großes Potential für Streuung bei gleichartigen Dienstleistungen gegeben ist. Aus diesem Grund sind Dienstleistungen immer individuell zu betrachten.[11]

---

[10] Vgl. Meffert, H./Bruhn, M. (2002): Exzellenz im Dienstleistungsmarketing, S. 5f.
[11] Vgl. Kotler, P. et al. (2011): Grundlagen des Marketing, S. 694ff.

3. Kundenzufriedenheit

In den vergangenen Jahrzehnten hat das Thema Kundenzufriedenheit in der marketingwissenschaftlichen und -praktischen Diskussion einen unvergleichlich hohen Stellenwert gewonnen. Der Grund dafür kommt aus der Unternehmenspraxis. Dort wurde Kundenzufriedenheit umso stärker wahrgenommen, je mehr Käufermarktsituationen auftraten. Obwohl es zwar Mitte der achtziger Jahre des 20. Jahrhunderts bereits eine akademische Diskussion über dieses Thema gab, konnte man die Zufriedenheitsforschung als recht junge Wissenschaftsdisziplin bezeichnen, da in dieser Zeit die Managementperspektive von Kundenzufriedenheit als unternehmerischer Steuerungsgröße noch nicht im Vordergrund stand. Die wissenschaftliche Auseinandersetzung wurde erst durch den politisch wirksamen Vorwurf einer Vernachlässigung von Kundenanliegen durch private und öffentliche Anbieter ausgelöst. Nach Jahren der Auseinandersetzung war die Forschung Anfang der 90er Jahre des 20. Jahrhunderts allein im Bereich der Konsumentenzufriedenheit unüberschaubar. Noch immer hält das progressive quantitative Wachstum an und bekommt zusätzliche Impulse.[12] Heute stellt sich die Kundenzufriedenheit als eine Variable dar, die als eine wichtige Voraussetzung für erfolgreiche Kundenbeziehungen angesehen wird und den langfristigen Erfolg von Unternehmen mit determiniert.[13]

Kundenzufriedenheit entsteht als Ergebnis einer positiven subjektiven Beurteilung der wahrgenommenen Qualität einer Dienstleistung durch den Kunden. Die Qualitätswahrnehmung geht unmittelbar mit der

---

[12] Vgl. Stauss, B. (1999): Kundenzufriedenheit, in: Marketing ZFP, Heft 1, 1. Quartal, S. 5.
[13] Vgl. Schaller, C./Stotko, C. M./Piller, F. T. (2006): Mit Mass Customization basiertem CRM zu loyalen Kundenbeziehungen, in: Hippner, H./Wilde, K. D. (Hrsg.): Grundlagen des CRM, S. 129.

Nutzung der Dienstleistung einher und lässt sich als ganzheitliches Urteil eines Kunden bezüglich der Zwecktauglichkeit einer Dienstleistung charakterisieren.[14] Dabei beurteilt jeder Kunde individuell die für ihn relevanten Eigenschaften und vergleicht seine subjektiven Erfahrungen, die mit der Inanspruchnahme einer Dienstleistung verbunden waren, mit seinen Erwartungen, Zielen oder Normen, die in Bezug auf die Leistungen des Anbieters bestehen.[15] Stimmt die tatsächlich erbrachte Leistung mit den Erwartungen überein, kommt es zur Bestätigung (Confirmation). Zur Nicht-Bestätigung (Disconfirmation) kommt es, wenn die Erwartungen des Kunden und die Leistungen des Unternehmens nicht übereinstimmen. Über die Auswirkungen der Bestätigung existieren in der Literatur zwei Ansichten. So gehen zum Beispiel viele Autoren davon aus, dass Zufriedenheit schon dann eintritt, wenn die Kundenerwartungen erfüllt werden,[16] andere Autoren sind jedoch der Meinung, dass bei Bestätigung der Erwartung eher Indifferenz entsteht und dass zur Erreichung von Kundenzufriedenheit die Erwartungen übertroffen werden müssen.[17] Liegt die tatsächlich erbrachte Leistung unter der Erwartung des Kunden, dann kommt es zur Unzufriedenheit.[18] Abbildung 1 erfasst diese Zusammenhänge.

---

[14] Vgl. Herrmann, A./Johnson, M. D. (1999): Die Kundenzufriedenheit als Bestimmungsfaktor der Kundenbindung, in: Zeitschrift für Betriebswirtschaftliche Forschung, Nr. 6, S. 582.

[15] Vgl. Hentschel, B. (2000): Multiattributive Messung von Dienstleistungsqualität, in: Bruhn, M./Stauss, B. (Hrsg.): Dienstleistungsqualität, S. 312.

[16] Vgl. Terlutter, R. (2006): Verhaltenswissenschaftliche Beiträge zur Gestaltung von Kundenbeziehungen, in: Hippner, H./Wilde, K. D. (Hrsg.): Grundlagen des CRM, S. 273.

[17] Vgl. Hill, D.J. (1986): Satisfaction and Consumer Services, in Advances in Consumer Research, Vol. 16, S. 313.

[18] Vgl. Terlutter, R. (2006): Verhaltenswissenschaftliche Beiträge zur Gestaltung von Kundenbeziehungen, in: Hippner, H./Wilde, K. D. (Hrsg.): Grundlagen des CRM, S. 273.

Abbildung 1: Entstehung von Zufriedenheit und Unzufriedenheit

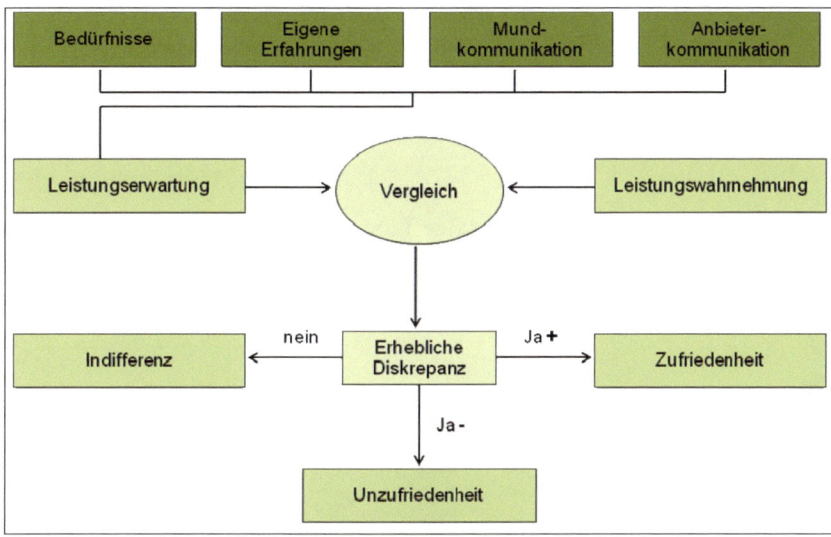

Quelle: Stauss, B./Seidel, W. (2002): Beschwerdemanagement, S. 56.

Die Theorie, dass die reine Erfüllung von Kundenerwartungen keineswegs zu einem ausgeprägten Gefühl der Zufriedenheit führt, wird durch das Konzept der Toleranzzone gestützt und begründet.[19] Demnach beurteilen Kunden Dienstleistungen anhand von zwei unterschiedlich hohen Erwartungsstandards, indem sie Vorstellungen über das gewünschte und das gerade noch akzeptable Leistungsniveau entwickeln. Das gewünschte Leistungsniveau spiegelt die Idealvorstellung der Erwartung des Kunden über die Qualität der Dienstleistung wieder. Im Gegensatz dazu drückt das akzeptable Leistungsniveau das aus Kundenperspektive gerade noch angemessene Niveau aus. Zwischen der gewünschten und der akzeptablen Leistung befindet sich die Toleranzzone. Wie Abbildung 2 exemplarisch zeigt, empfindet der

---

[19] Vgl. Stauss B./Seidel, W. (2002): Beschwerdemanagement, S. 57.

Kunde Indifferenz oder einen geringen Grad an Zufriedenheit, wenn die wahrgenommene Leistung innerhalb der Toleranzzone liegt. Wird der Erwartungsstandard der gewünschten Leistung jedoch überschritten, tritt hohe Kundenzufriedenheit beziehungsweise Kundenbegeisterung ein. Sollte der Erwartungsstandard der akzeptablen Leistung jedoch unterschritten werden, führt dies direkt zur Kundenunzufriedenheit.

Abbildung 2:   Das Konzept der Toleranzzone

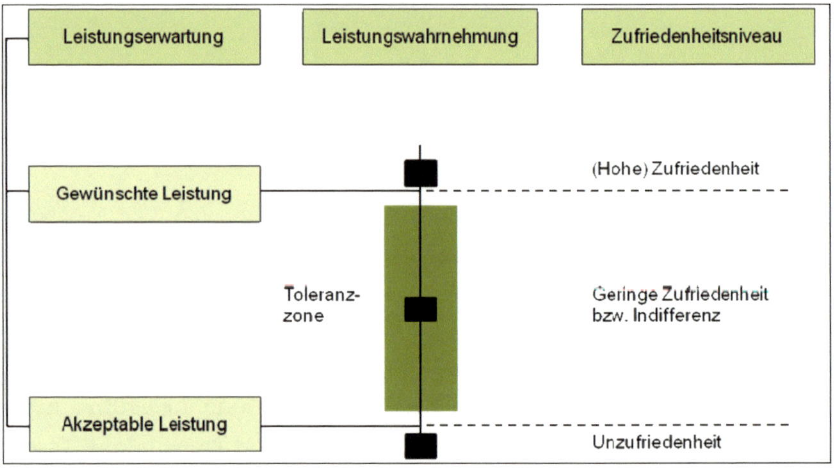

Quelle: Stauss B./Seidel, W. (2002): Beschwerdemanagement, S. 57.

3.1. *Bedeutungen der Kundenzufriedenheit und der Kundenunzufriedenheit*

Die Zufriedenheit des Kunden mit der Dienstleistung ist ein wichtiger Faktor für die erneute Inanspruchnahme der Dienstleistung. Mögliche Reaktionen einzelner Kunden auf die Zufriedenheit beziehungsweise Unzufriedenheit sind in Abbildung 3 dargestellt. Diese weist einen positiven Zusammenhang zwischen Zufriedenheit und erneuter Nutzung der Dienstleistung aus. Außerdem zeigt sie, dass Kunden durch ihre Zufriedenheit zu glaubwürdigen Werbeträgern werden, indem sie positive Mundpropaganda betreiben und damit weitere Personen auf die Dienstleistung aufmerksam machen.[20] Unzufriedene Kunden hingegen sind das Sorgenkind jeder Unternehmung. Bestenfalls werden sie sich wegen ihrer Unzufriedenheit beschweren, sodass das Unternehmen die Chance hat, auf die Beschwerde zu reagieren. Sofern Kunden, ohne die Chance der Wiedergutmachung durch den Anbieter zu suchen, dessen Angebot für zukünftige Leistungen meiden, kommt es zu einem Wechsel zur Konkurrenz. Diese abgewanderten Kunden zurück zu gewinnen, bedarf dann außergewöhnlicher Anstrengung. Zudem bleibt die Unzufriedenheit für den Dienstleistungsanbieter quasi unsichtbar und ist aus diesem Grund sehr verhängnisvoll. Dieses Verhalten ist nicht nur im Dienstleistungsbereich, sondern auch im Konsumgüterbereich weit verbreitet und stellt die häufigste Unzufriedenheitsreaktion dar. Kann keine Beseitigung der Unzufriedenheit erfolgen, ist von einer Negativwerbung bei Personen des sozialen Umfeldes des ehemaligen Kunden auszugehen.[21] Durchschnittlich erzählen abgewanderte Kunden ihre Unzufriedenheit in Form von negativer Mundpropaganda durchschnittlich 10 bis 12 weiteren Personen.[22]

---

[20] Vgl. Hippner, H./Rentzmann, R./Wilde, K. D. (2006): CRM aus Kundensicht – Eine empirische Untersuchung, in: Hippner, H./Wilde, K. D. (Hrsg.): Grundlagen des CRM, S. 213.

[21] Vgl. Peples, W. (2008): Grundzüge des Beschwerdemanagement, in Helmke, S./Uebel, M. F./Dangelmaier, W. (Hrsg.): Effektives Customer Relationship Management, S. 105.

[22] Vgl. Bruhn, M. (2003): Qualtätsmanagement für Dienstleistungen, S. 7.

Abbildung 3: **Reaktion auf Zufriedenheit beziehungsweise Unzufriedenheit**

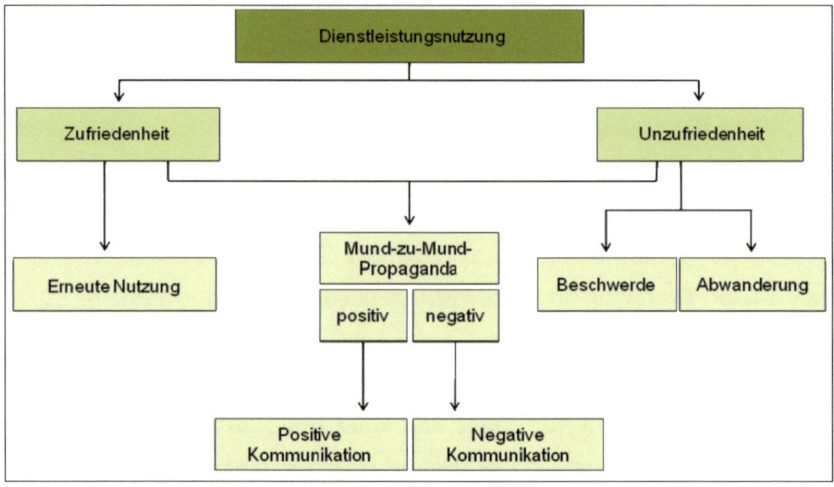

Quelle: Eigene Darstellung in Anlehnung an: Homburg, C./Becker, A./Hentschel, F. (2010): Der Zusammenhang zwischen Kundenzufriedenheit und Kundenbindung, in: Bruhn, M./Homburg, C. (Hrsg.): Handbuch Kundenbindungsmanagement, S. 117.

3.2. Dienstleistungsqualität und Kundenzufriedenheit

Die Erstellung einer hohen Dienstleistungsqualität und die Bedeutung der Zufriedenstellung des Kunden haben sich in den vergangenen Jahren zu einem zentralen Wettbewerbsfaktor entwickelt. Auf der Suche nach einem Zusammenhang der beiden Begriffe war es vorrangig notwendig, die Abgrenzungen zwischen Dienstleistungsqualität und Kundenzufriedenheit zu betrachten. In der Literatur wird eine Abgrenzung nicht einheitlich vorgenommen. So wird die Kundenzufriedenheit eher einzelnen Transaktionen und damit einer transaktionalen Perspektive zugeordnet, während die Dienstleistungsqualität eher auf einer globalen Betrachtungsebene angesiedelt ist. Des Weiteren ist sichtbar, dass die Kundenzufriedenheit immer auf die Sicht des Kunden bezogen ist, während der Begriff der Dienstleistungsqualität prin-

22

zipiell auch andere Sichtweisen zulässt.[23] Abbildung 4 zeigt, dass sich beide Konstrukte im Zeitablauf gegenseitig beeinflussen.

Abbildung 4: **Zusammenhang zwischen Dienstleistungsqualität und Kundenzufriedenheit**

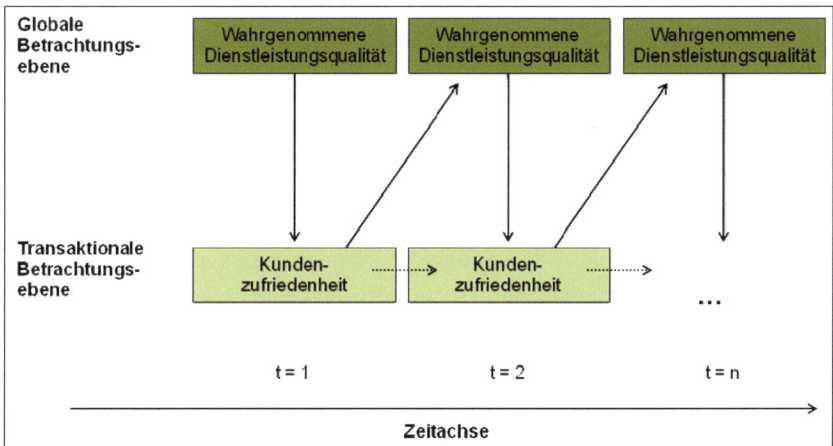

Quelle: Siefke, A. (1997): Zufriedenheit mit Dienstleistungen, S. 63.

So beeinflusst die auf einer globalen Betrachtungsebene angesiedelte wahrgenommene Dienstleistungsqualität die Kundenzufriedenheit auf der Ebene der einzelnen Transaktion. Diese dagegen wirkt sich auf globaler Ebene aus und verändert diese. Anschließend wiederholt sich dieser Verlauf, sodass die Zufriedenheit mit der nachfolgenden Transaktion wiederum durch die wahrgenommene Dienstleistungsqualität beeinflusst wird.[24]

3.3. Das GAP-Modell

Nachdem man festgestellt hat, dass die Wahrnehmung des Kunden in Bezug auf die Dienstleistungsqualität unmittelbaren Einfluss auf seine Zufriedenheit hat, stellt sich nun die Frage, wie sich die Dienstleis-

---

23   Vgl. Meffert, H./Bruhn, M. (2006): Dienstleistungsmarketing, S. 289.
24   Vgl. Meffert, H./Bruhn, M. (2006): Dienstleistungsmarketing, S. 289.

tungsqualität ermitteln lässt. In der Wissenschaft wurden verschiedene Modelle zur Ermittlung der Dienstleistungsqualität entwickelt. Besondere Bedeutung hat in diesem Zusammenhang das von Parasuraman, Zeithaml und Berry[25] entwickelte GAP-Modell gefunden.[26] Dieses Modell der Dienstleistungsqualität dient dazu, die Entstehung der Qualitätswahrnehmung einer Dienstleistung durch den Kunden zu beschreiben. Grundlegend für das GAP-Modell ist dabei die Zweiteilung in die Ebenen Dienstleister und Kunde. Mit dieser Teilung weist das Modell auf die verschiedenen Integrationsbeziehungen zwischen Dienstleistungsanbieter und Dienstleistungskunde hin.[27] Zwischen der Wahrnehmung der Kunden und den Vorstellungen in Bezug auf die Dienstleistungsqualität in den Unternehmen identifizieren die Autoren fünf Konfliktbereiche, auch GAPs genannt, deren Charakter und Einflussfaktoren wie folgt dargestellt werden. Der erste Konfliktbereich zeigt eine Diskrepanz zwischen den Kundenerwartungen und deren Wahrnehmung durch das Dienstleistungsmanagement. Die Erwartungen des Kunden gegenüber dem Dienstleistungsanbieter begründen sich aus ihren individuellen Bedürfnissen, ihren Erfahrungen in der Vergangenheit und durch die Einstellungen, welche aus Mund-zu-Mund-Kommunikation aufgebaut wurde. Stimmen diese entsprechenden Erwartungen nicht mit den durch das Management wahrgenommenen Kundenerwartungen überein, entsteht GAP 1. Bei der Minimierung dieser Diskrepanz muss der exakten Erfassung der Kundenanforderungen an die Dienstleistung besonderes Gewicht beigemessen werden, da GAP 1 auch das Ausmaß der übrigen GAPs determiniert.

---

[25] Vgl. Parasuraman, A./Zeithaml, V. A./Berry, L. (1985): A Conceptual Model of Service Quality and its Implication for future Research, in: Journal of Marketing, Vol. 49, No. 1, S. 42.

[26] Vgl. Bruhn, M./Meffert, H. (2002): Wettbewerbsüberlegenheit durch exzellentes Dienstleistungsmarketing, in: Exzellenz im Dienstleistungsmarketing, S. 20.

[27] Vgl. Bruhn, M. (2003): Qualitätsmanagement für Dienstleistungen, S. 386.

Der nächste Konfliktbereich entsteht durch eine Diskrepanz zwischen den vom Management wahrgenommenen Kundenerwartungen und der Interpretation durch den Dienstleister mit anschließender Umsetzung in Spezifikation der Dienstleistungsqualität. Ausschlaggebend für diese Diskrepanz ist die gezielte Weiterleitung der wahrgenommenen potentiellen Probleme beziehungsweise positiven Ereignisse an die verantwortlichen Stellen, wobei vor allem auf den besonderen Einfluss der Interpretation hingewiesen werden muss. Des Weiteren fehlt es dem Management oft an Erfahrung im direkten Kundenkontakt, so dass der internen Kommunikation und der Einstellung gegenüber den Dienstleistungen als Ursachen für die Entstehung von GAP 2 besondere Bedeutung zukommt. GAP 3 ergibt sich aus der Diskrepanz zwischen den Spezifikationen der Dienstleistungsqualität und der tatsächlich erstellten Dienstleistung. Verursachende Faktoren für eine spezifikationsgemäße Realisierung der Dienstleistung sind Personalanforderungen und -motivationen, technische Gegebenheiten, Kontrollmechanismen oder nicht beeinflussbare Umfeldfaktoren. Den vorletzten Konfliktbereich stellt GAP 4 da. Dieser zeigt die Unterschiede zwischen der tatsächlich erstellten Dienstleistung und der an den Kunden gerichteten Kommunikation über diese Dienstleistung. Mit der Diskrepanz zwischen den Erwartungen an die Dienstleistung durch den Kunden und der tatsächlich wahrgenommenen Dienstleistung, bringt GAP 5 das Model zum Abschluss. Diese Diskrepanz hängt weitgehend von der Bedeutung und dem Ausmaß der vorangegangen GAPs ab, wie in Abbildung 5 dargestellt. Sie kann durch Minimierung dieser vier GAPs die Differenz zwischen der erwarteten und der real erlebten Dienstleistung verringern und somit zu sehr gutem Service beitragen, wenn die wahrgenommene Dienstleistungsqualität die Kundenerwartungen, wie im Abschnitt 3 bereits beschrieben wurde, erfüllt beziehungsweise übertrifft.[28]

Abbildung 5:   GAP-Modell der Dienstleistungsqualität

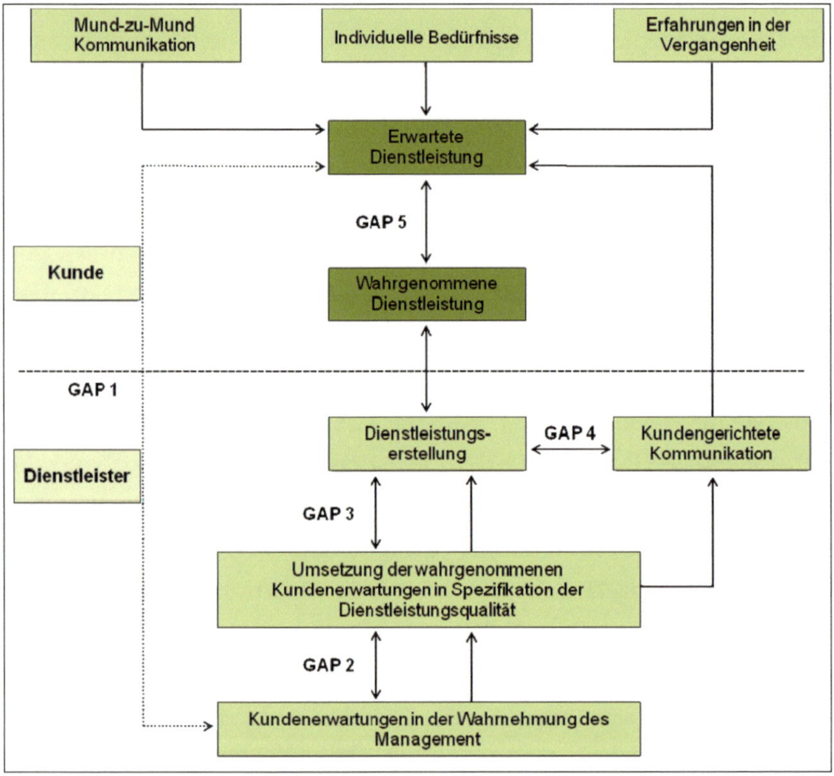

Quelle: Zeithaml, V. A./Berry, L. L./Parasuraman, A. (1988): Comunication and Control Processes in the Delivery of Service Quality, in: Journal of Marketing, Vol. 52, No. 4, S. 44.

---

[28]   Vgl. Zeithaml, V. A./Parasuraman, A./Berry, L. L. (1992): Qualitätsservice, S. 66ff.

4. Kundenbindung

Als Kundenbindung wird im Wesentlichen das Treueverhalten der Kunden und somit die Aufrechterhaltung einer Geschäftsbeziehung bezeichnet. Diese ist durch eine nicht zufällige Folge von Markttransaktionen zwischen dem Dienstleister und dem Kunden gekennzeichnet.[29] Nicht zufällig bedeutet in diesem Zusammenhang, dass es auf der Seite des Anbieters und/oder des Abnehmers Gründe gibt, die eine planmäßige Verbindung zwischen den einzelnen Transaktionen sinnvoll erscheinen lassen oder zwangsläufig zu ihrer direkten Verknüpfung führen.[30] Dabei versucht das Dienstleistungsunternehmen die heutigen sowie die zukünftigen Verhaltensabsichten eines Kunden positiv zu gestalten, um somit die Beziehung zu diesen Kunden in Zukunft zu stabilisieren beziehungsweise auszuweiten.[31] Die unmittelbare Wirkung, die für ein Dienstleistungsunternehmen aus einer stärkeren Kundenbindung resultieren kann, wird in Abbildung 6 ersichtlich.

---

[29]   Vgl. Diller, H. (1996): Kundenbindung als Marketingziel, in: Marketing ZFP, Nr. 2, S. 84.
[30]   Vgl. Peter, S. I. (1999): Kundenbindung als Marketingziel, S. 7.
[31]   Vgl. Homburg, C./Bruhn, M. (2010): Kundenbindungsmanagement - Eine Einführung in die theoretischen und praktischen Problemstellungen, in: Bruhn, M./Homburg, C. (Hrsg.): Handbuch Kundenbindungsmanagement, S. 8.

Abbildung 6:   **Effekte der Kundenbindung nach Reichheld und Sasser**

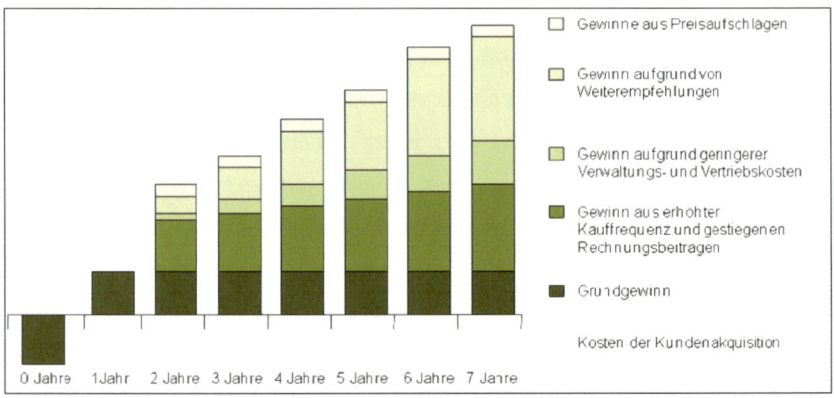

Legende:
- Gewinne aus Preisaufschlägen
- Gewinn aufgrund von Weiterempfehlungen
- Gewinn aufgrund geringerer Verwaltungs- und Vertriebskosten
- Gewinn aus erhöhter Kauffrequenz und gestiegenen Rechnungsbeiträgen
- Grundgewinn
- Kosten der Kundenakquisition

0 Jahre 1 Jahr 2 Jahre 3 Jahre 4 Jahre 5 Jahre 6 Jahre 7 Jahre

Quelle: Reichheld, F. F./Sasser, W. E. (1990): Zero Defections: Quality Comes to Services, in: Harvard Business Review, Vol. 68, No. 4, S. 108.

Dabei beziehen sich die Hauptausschöpfungseffekte zum einen auf die Möglichkeit einer Erhöhung der Kaufintensität, deren Bedeutung insbesondere dann erkennbar wird, wenn das Durchdringungspotential nicht nur für eine Periode, sondern für die Gesamtdauer der Geschäftsbeziehung betrachtet wird. Zum anderen ist es die Tatsache, dass Stammkunden für bisher noch nicht erschlossene Kundenkreise als Informationsquelle und Kaufanreger dienen.[32] Folgt man diesen Aussagen dann können Unternehmen ihren Gewinn erheblich steigern, wenn sie es schaffen die Kundenbindungsrate zu erhöhen.[33] Dieses Phänomen wurde auch in zahlreichen empirischen Studien aus den USA nachgewiesen. So zeigt sich, dass eine Verhinderung der Kundenabwanderungsrate um fünf Prozent langfristig zu einer Steigerung des Gewinns pro Kunde von 85 Prozent führen kann. Um das zu erreichen, bedarf es jedoch eines Erklärungsmodells, welches ein Rahmen-

---

[32]   Vgl. Stauss B./Seidel, W. (2007): Beschwerdemanagement, S. 27.
[33]   Vgl. Reichheld, F. F./Sasser, W. E. (1990): Zero Defections: Quality Comes to Services, in: Harvard Business Review, Vol. 68, No. 4, S. 108.

28

konzept für eine systematische Beziehungsanalyse und einen differenzierten Einsatz von Maßnahmen des Kundenbeziehungsmanagements liefert. Außerdem muss es auf den im Zeitablauf variierenden Status der Kundenbeziehung ausgerichtet sein. Hierfür eignet sich der an den Produktlebenszyklus angelehnte Kundenbeziehungslebenszyklus. Er beschreibt die Stärke beziehungsweise Intensität einer Kundenbeziehung in Abhängigkeit der Beziehungsdauer.[34]

Abbildung 7:   Phasenkonzept der Geschäftsbeziehung

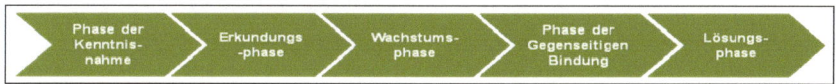

Quelle: Eigene Darstellung in Anlehnung an Stauss, B. (2006): Grundlagen und Phasen der Kundenbeziehung: Der Kundenbeziehungslebenszyklus, in: Hippner, H./Wilde, K. D. (Hrsg.): Grundlagen des CRM, S. 425.

Grundlegend ist der Kundenbeziehungslebenszyklus in fünf Phasen eingeteilt. Die erste Phase ist die der Kenntnisnahme. Hier wird eine Marktseite auf einen potenziellen Austauschpartner aufmerksam und stellt Überlegungen in Bezug auf die Aufnahme von Geschäftsbeziehungen an, ohne dass schon Transaktionen abgeschlossen werden. Jetzt schließt sich die Erkundungsphase an. Dabei kommt es zu direkten Interaktionen und ersten Nutzungen der Dienstleistung, wobei die Prüfung der Leistungsfähigkeit und Bereitschaft des Partners im Vordergrund steht. Eine gegenseitige Abhängigkeit besteht in dieser Phase noch nicht, sodass die Geschäftsbeziehung noch relativ instabil und bei Unzufriedenheit oder hohem Risikoempfinden schnell beendet ist. Für den Fall der Zufriedenheit geht die Phase der Erkundung in die Wachstumsphase über. Das hohe Maß an Zufriedenheit führt zu einer Ausdehnung und Vertiefung der Geschäftsbeziehung, welche jetzt mit einer verstärkten Abhängigkeit verbunden ist. In der Phase der gegenseitigen Bindung steigt die Zufriedenheit noch weiter an. Die Ge-

---

34   Vgl. Meffert, H./Bruhn, M. (2006): Dienstleistungsmarketing, S. 77.

schäftspartner unterlassen jetzt die aktive Suche nach Alternativen und wünschen sich die Aufrechterhaltung einer stabilen Beziehung. Aus diesem Grund investieren sie in den Erhalt und den Ausbau der Geschäftsbeziehung, gegebenenfalls institutionalisieren sie die Beziehung zum Beispiel durch den Abschluss vertraglicher Vereinbarungen. Schließlich beendet die Lösungsphase eine längerfristige stabile Beziehung. Der Unterschied zu den vorangegangenen Phasen besteht darin, dass der Abbruch der Geschäftsbeziehung nicht das Ergebnis einer gegenseitigen Verabredung darstellen muss. Es kann auch in Form eines einseitigen Aktes und sehr kurzfristig erfolgen.[35] Während der Gesamtdauer der Kundenbeziehung können jedoch auch kritische Phasen auftreten. Diese gefährden die Geschäftsbeziehung erheblich. Sie entstehen immer dann, wenn die Kunden Anlass zur Unzufriedenheit haben oder sich aus anderen Gründen mit dem Gedanken der Auflösung der Geschäftsbeziehung befassen.[36] Anhand dieses Phasenkonzeptes ist es möglich zu sehen, wie sich das Beziehungsverhalten der Kunden in einem spezifischen Mix von Bewertungs-, Verhandlungs- und Investitionsaktivitäten sowie durch mehr oder weniger ausgeprägte Aktivitäten der Alternativensuche verändert. Abbildung 8 zeigt die typischen Kundenaktivitäten in den verschiedenen Phasen des Kundenbeziehungslebenszyklus.

---

[35] Vgl. Stauss, B. (2011): Der Kundenbeziehungs-Lebenszyklus, in: Hippner, H./Hubrich, B./Wilde, K. D. (Hrsg.): Grundlagen des CRM, S. 322f.

[36] Vgl. Stauss, B. (2000): Perspektivenwandel: Vom Produkt-Lebenszyklus zum Kundenbeziehungs-Lebenszyklus, in: Thexis, Nr. 2, S. 17.

Abbildung 8: **Typische Kundenaktivitäten in verschiedenen Phasen des Kundenbeziehungslebenszyklus**

Kunden-verhalten	Phase der Kenntnis-nahme	Erkundungs-phase	Wachstums-phase	Phase der gegenseitigen Bindung	Lösungs-phase
Informations-aktivitäten (einschließ-lich der Suche nach Alternativen)	hoch	hoch	gering	gering	hoch
Verhandlung-saktivitäten	gering	hoch	mittel	mittel	mittel
Bewertungs-aktivitäten	mittel	hoch	mittel	gering	hoch
Investitions-aktivitäten	gering	gering	mittel	hoch	gering/keine

Quelle: Eigene Darstellung in Anlehnung an: Hentschel, B. (1991): Beziehungs-marketing, in: WISU, Nr. 1, S. 27.

Somit lässt sich beispielsweise die Wachstumsphase durch mittlere Verhandlungs-, Bewertungs- und Investitionsaktivitäten und nur geringe Informationsaktivitäten kennzeichnen. Stellt man weitere Überlegungen zu diesem Modell an, so kann das Lebenszyklus-Konzept für eine entsprechende Beobachtung des Kundenverhaltens genutzt werden, um so eine Einschätzung des Kundenstamms hinsichtlich seiner Verteilung in den verschiedenen Phasen zu bekommen. Unter Beziehungsgesichtspunkten erhält man auf diese Weise wichtige Einsichten in die Kundenstruktur, beispielsweise ob aufgrund eines unausgewogenen Verhältnisses zwischen den Kundengruppen eine strategische Risikoposition besteht. Des Weiteren stellt das Lebenszyklus-Konzept die Basis für eine differenzierte Analyse der Phasenübergänge dar, beispielsweise inwiefern welche Faktoren dafür verantwortlich sind, dass Kunden von der Phase der gegenseitigen Bindung in die Lösungsphase überwechseln. Zudem erhält man wichtige Erkenntnisse für den Einsatz der Vertriebs-, Marketing- und Serviceinstrumente, die entsprechend der jeweiligen Zugehörigkeit des Kunden zu einer der Phasen des Kundenbeziehungslebenszyklus differenziert einzusetzen sind.[37]

---

[37]   Vgl. Hentschel, B. (1991): Beziehungsmarketing, in: WISU, Nr. 1, S. 27.

5. Zusammenhang zwischen Kundenzufriedenheit und Kundenbindung

Folgt man der Wissenschaft oder auch der Praxis, dann wird die Kundenzufriedenheit als wesentlicher Bestimmungsfaktor der Kundenbindung angesehen.[38] So wird in zahlreichen empirischen Untersuchungen ein positiver Zusammenhang zwischen Kundenzufriedenheit und der daraus resultierenden Kundenbindung festgestellt, wobei vielfach ein ansteigender oder sattelförmiger Verlauf der Beziehung unterstellt wird.[39] Diese Aussage wird von der klassischen Wirkungskette (siehe Abbildung 9) gestützt, welche durchlaufen werden muss, um Kundenbindung und die daraus resultierenden ökonomischen Erfolge zu erzielen.

Abbildung 9:   Wirkungskette der Kundenbindung

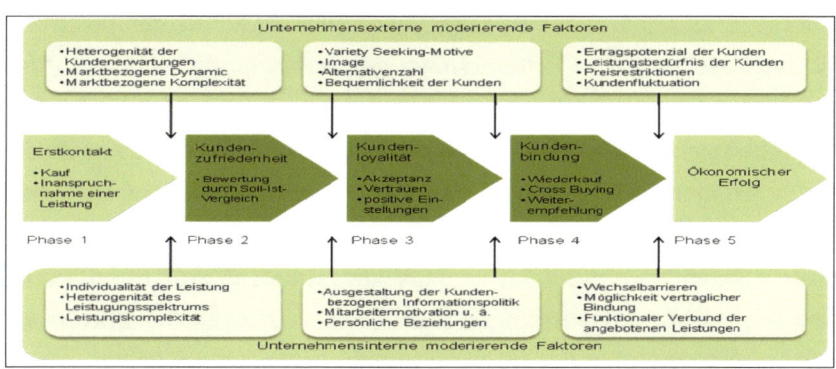

Quelle: Homburg, C./Bruhn, M. (2010): Kundenbindungsmanagement - Eine Einführung in die theoretischen und praktischen Problemstellungen, in: Bruhn, M./Homburg, C. (Hrsg.): Handbuch Kundenbindungsmanagement, S. 10.

---

[38]   Vgl. Herrmann, A./Johnson, M. D. (1999): Die Kundenzufriedenheit als Bestimmungsfaktor der Kundenbindung, in: Zeitschrift für Betriebswirtschaftliche Forschung, Nr. 6, S. 579.

[39]   Vgl. Homburg, C./Giering, A./Hentschel, F. (1999): Der Zusammenhang zwischen Kundenzufriedenheit und Kundenbindung, in: Die Betriebswirtschaft, Nr. 2, S. 182ff.

Stark vereinfacht sind hierbei fünf wesentliche Phasen zu unterscheiden. In der ersten Phase beginnt die Wirkungskette durch den Erstkontakt des Kunden. Dieser wird durch die Inanspruchnahme einer Leistung oder durch den Kauf eines Produktes hervorgerufen. Es schließt sich die zweite Phase an, in der der Kunde die erhaltene Leistung beziehungsweise das Produkt bewertet und sich, wie in Kapitel 3 bereits beschrieben, ein persönliches Zufriedenheitsurteil bildet. Fällt das Zufriedenheitsurteil des Kunden grundsätzlich positiv aus oder werden seine Erwartungen sogar deutlich übertroffen, kann in der dritten Phase Kundenloyalität entstehen. Hierunter ist ein sehr enges positives Vertrauensverhältnis des Kunden zum Unternehmen zu verstehen. In dieser Phase ist der Kunde überzeugt von der Leistungsfähigkeit und wird deshalb eine sehr geringe Wechselbereitschaft aufweisen. Genau an diesem Punkt lässt sich auch der Übergang zur vierten Phase, der Kundenbindung, realisieren. Diese wird sich aufgrund der positiven Grundeinstellung dem Unternehmen gegenüber in tatsächlichen Wiederkäufen, Cross- und Up Selling-Käufen beziehungsweise in Weiterempfehlungen durch den Kunden niederschlagen. Die positiven Effekte der Kundenbindung zeigen sich schließlich in Phase fünf mit einer Steigerung des ökonomischen Erfolgs.[40] Zudem weisen die in der Literatur existierenden empirischen Befunde oftmals darauf hin, dass es unterschiedliche Auswirkungen nach einer Steigerung der Zufriedenheit auf die Erhöhung der Kundenbindung geben kann.[41] Besonders zu erwähnen ist in diesem Zusammenhang der Bericht von Herrmann und Johnson (1999), der zwei wesentliche Einflussfaktoren darlegt.

---

[40]   Vgl. Homburg, C./Bruhn, M. (2010): Kundenbindungsmanagement - Eine Einführung in die theoretischen und praktischen Problemstellungen, in: Bruhn, M./Homburg, C. (Hrsg.): Handbuch Kundenbindungsmanagement, S. 10f.

[41]   Vgl. Gerpott, T. (2000): Kundenbindung: Konzepteinordnung und Bestandaufnahme der neueren empirischen Forschung, in: Die Unternehmung, 54. Jg., Nr. 1, S. 28ff.

Demnach gibt es Unterschiede hinsichtlich der Stärke des Einflusses der Kundenzufriedenheit auf die Kundenbindung in Abhängigkeit der Branche. So variiert dieser Einfluss zwischen 0,19 und 0,59. Dabei sind diese Werte umso geringer, je stärker der Wirtschaftsbereich mono- oder oligopolistisch strukturiert ist, und umso höher, je intensiver der Wettbewerb in einem Sektor ist. Außerdem konnten unterschiedliche Auswirkungen in Abhängigkeit des Zufriedenheitsniveaus auf die Kundenbindung nachgewiesen werden, was bedeutet, dass jeder Kunde als Individuum gesehen werden muss und dass eine hohe Zufriedenheit nicht zwangsläufig zu einer hohen Kundenbindung führen muss.[42]

---

[42] Vgl. Herrmann, A./Johnson, M. D. (1999): Die Kundenzufriedenheit als Bestimmungsfaktor der Kundenbindung, in: Zeitschrift für Betriebswirtschaftliche Forschung, Nr. 6, S. 580.

6. Kundenkontaktpunkte im Dienstleistungsprozess

In der Wissenschaft wird dem Kontakt zwischen Dienstleistungsanbieter und Dienstleistungskunden, aufgrund der simultanen Erstellung und Inanspruchnahme von Dienstleistungen, eine hohe Bedeutung beigemessen. Oftmals wird in der Literatur auch von den Augenblicken der Wahrheit gesprochen. Lässt man diese unbekümmert verstreichen, wird die Servicequalität zur Mittelmäßigkeit verkümmern.[43] Die Augenblicke, in denen der Kunde mit Elementen des Dienstleistungsangebots in Kontakt kommt, werden als entscheidend für die Qualitätswahrnehmung der Dienstleistungskunden angesehen. Hier müssen Begeisterungsfaktoren durch den Dienstleistungsanbieter hervorgerufen werden, damit der Kunde an jedem Kontaktpunkt mit der Leistungserstellung des Dienstleistungsunternehmens zufrieden ist. Nur wenn das erreicht wird, kann davon ausgegangen werden, dass der Kunde die Dienstleistung erneut in Anspruch nehmen wird. Deshalb muss jedes Dienstleistungsunternehmen diese Kontaktpunkte als Chance ansehen und sich dort bestmöglich präsentieren. Nur so ist es möglich, eine positive und stabile Bindung zum Dienstleistungskunden zu erstellen. Um das zu erreichen, wird eine stufenweise Anwendung eines Methoden-Mix vorgeschlagen, die als Kontaktpunktanalyse bezeichnet wird. Hierfür erfolgt ein dreistufiges Evaluationsverfahren. Zu Beginn wird eine Kontaktpunkt-Identifikation vorgenommen. Daran schließt sich die qualitative Kontaktpunkt-Erlebnismessung an. Abschließend folgt die quantitative Kontaktpunkt-Problembewertung, bei der die qualitätsrelevanten Problemfelder im Rahmen der Dienstleistungserstellung betrachtet werden.[44]

---

[43] Vgl. Albrecht, K./Zemke, R. (1987): Service-Strategien, S. 34.
[44] Vgl. Stauss, B. (2000): Augenblicke der Wahrheit in der Dienstleistungserstellung – Ihre Relevanz und ihre Messung mit Hilfe der Kontaktpunkt-Analyse, in: Bruhn, M./Stauss, B. (Hrsg.): Dienstleistungsqualität, S. 323ff.

6.1. Kontaktpunkt-Identifikation

Bei der Kontaktpunkt-Identifikation geht es darum, den vom Kunden erlebten Prozess des Dienstleistungserlebens herauszufinden. Hierzu müssen zunächst möglichst alle unterschiedlichen Kundenkontaktsituationen erfasst und die quantitative Bedeutung der dort jeweils ablaufenden Interaktionen ermittelt werden. Als Kundenkontaktsituation gelten alle Kontaktpunkte im Dienstleistungserstellungsprozess, an denen Interaktionen zwischen Dienstleistungsunternehmen und Kunden zustande kommen. Des Weiteren gehören zu den Augenblicken der Wahrheit alle von den Kunden wahrgenommenen Kundenkontakte, einschließlich der vom Kunden als besonders positiv oder negativ erlebten.

Die Ermittlung dieser Interaktionen kann über die direkte Beobachtung, Einzelinterviews oder auch durch Gruppendiskussionen mit den Kunden erfolgen. Nachdem die Kontaktsituationen erfasst sind, bilden sie die Grundlage für eine Visualisierung des Kundenprozesses. Sie bilden die Grundlage für die weiteren Schritte der Kontaktpunktanalyse.[45] Diese Visualisierung könnte in Form eines Blueprint, wie es die vereinfachte Abbildung für ein Restaurant zeigt, erfolgen.

---

[45] Vgl. Stauss, B. (2000): Augenblicke der Wahrheit in der Dienstleistungserstellung – Ihre Relevanz und ihre Messung mit Hilfe der Kontaktpunkt-Analyse, in: Bruhn, M./Stauss, B. (Hrsg.): Dienstleistungsqualität, S. 327.

Abbildung 10:   Restaurant-Blueprint

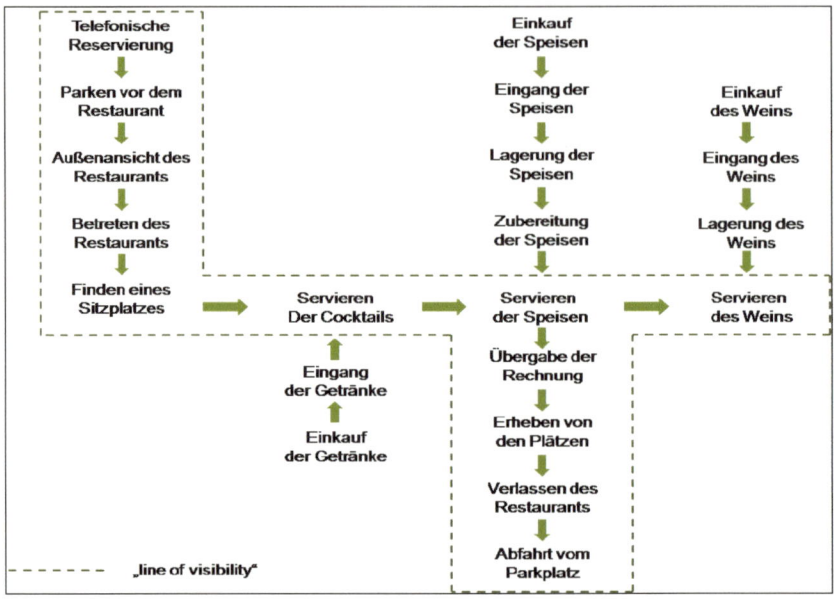

Quelle: Stauss, B. (2000): Augenblicke der Wahrheit in der Dienstleistungserstel-
lung – Ihre Relevanz und ihre Messung mit Hilfe der Kontaktpunkt-
Analyse, in: Bruhn, M./Stauss, B. (Hrsg.): Dienstleistungsqualität –
Konzepte – Methoden – Erfahrungen, S. 328.

Hierbei handelt es sich um ein graphisches Ablaufdiagramm, dessen
Inhalt die Zerlegung des Dienstleistungsprozesses in mehrere Teil-
schritte präsentiert. Eine sogenannte „line of visibility" zeigt dabei die
Grenzen zwischen dem für den Kunden sichtbaren Bestandteilen der
Dienstleistung und jenen, die sich im Hintergrund abspielen. Parallel
dazu werden die Kontaktpunkte, bei denen ein direkter Kontakt zwischen Dienstleister und Kunde zustande kommt, identifiziert und dargestellt.[46]

---

46   Vgl. Bruhn, M. (2003): Qualitätsmanagement für Dienstleistungen, S. 113.

6.2. Qualitative Kontaktpunkt- Erlebnismessung

In der Literatur findet man die qualitative Kontaktpunkt- Erlebnismessung oftmals auch unter dem Namen ereignisorientierte Messansätze. Diese Messansätze finden vor allem bei Dienstleistungen Anwendung, die einen ausgeprägten, persönlichen Bezug zum Kunden aufzeigen beziehungsweise eine besondere Bedeutung für den Kunden vorlegen. Hierbei werden die mit dem Blueprint identifizierten Kontaktpunkte genauer betrachtet. Das Ziel ist es herauszufinden, was an diesen Punkten wirklich passiert und wie sie auf die Wahrnehmung der Kunden wirken.[47] Es wird davon ausgegangen, dass sich an solchen konkreten Kontaktpunkten der resultierende Zufriedenheitsgrad entscheidet.[48] Besonders geeignet für diese Messung sind die in den nachfolgenden Kapiteln beschriebenen Verfahren.

6.2.1. Beobachtung

Unter Beobachtung versteht man das systematische Sammeln von Informationen über Personen, ihre Bedürfnisse und ihre Verhaltensweisen,[49] ohne dabei von der Auskunftsbereitschaft des Dienstleistungsabnehmers abhängig zu sein.[50] Grundlegend unterscheidet man zwischen der teilnehmenden Beobachtung und der nicht teilnehmenden Beobachtung. Bei der erstgenannten Form tritt der Beobachter mit den Beobachteten in Kontakt. Diese Form wird vorrangig bei Tests von Dienstleistungen, wie dem Verkauf oder Service, angewandt. Bei der nicht teilnehmenden Beobachtung findet die Beobachtung unbemerkt von der zu beobachteten Person statt.[51] Diese Art der Beobachtung ist

---

[47]   Vgl. Bruhn, M./Murmann, B. (1998): Nationale Kundenbarometer, S. 19ff.
[48]   Vgl. Pepels, W. (2008): Qualitäts- und Zufriedenheitsmessung als CRM-Basis, in Helmke, S./Uebel, M. F./Dangelmaier, W. (Hrsg.): Effektives Customer Relationship Management, S. 30.
[49]   Vgl. Bruhn, M./Homburg, C. (2004): Gabler Lexikon Marketing, S. 79.
[50]   Vgl. Meffert, H./Bruhn, M. (2006): Dienstleistungsmarketing, S. 148.
[51]   Vgl. Bruhn, M./Homburg, C. (2004): Gabler Lexikon Marketing, S. 79.

jedoch mit einigen Schwierigkeiten verbunden, da viele Kontaktpunkte nicht ohne das Wissen der Untersuchungspersonen durchgeführt werden dürfen. Des Weiteren ist es oft nicht möglich, den Gesamtprozess in voller Länge zu erfassen, was zu einem verzerrten Ergebnis führen kann. Darüber hinaus ist es nicht möglich, alle Verhaltenskategorien auf diese Weise zu untersuchen, so dass aus dem beobachteten Verhalten nur unzureichend auf das Situationserleben der Kunden geschlossen werden kann.[52] Teilweise lassen sich diese Probleme durch den Einsatz des Silent-Shopper-Verfahrens vermeiden. Hierunter versteht man Beobachter, die als Dienstleistungskunden auftreten, um durch das Erleben des Dienstleistungserstellungsprozesses Hinweise auf erhebliche Mängel aufzudecken.[53] Somit ist es möglich, eine bestimmte Menge situativer Faktoren und Verhaltensmerkmale des Kundenkontaktpersonals zu erfassen. Besonders erfolgversprechend ist der Einsatz dieser Methode bei der Ermittlung objektiver Sachverhalte. Als Beispiele gelten die Anzahl der besetzten Kassenplätze oder der Augenkontakt im Gespräch. Dabei bleibt jedoch fraglich, ob die Wahrnehmungen und Empfindungen professioneller Beobachter denen tatsächlicher Kunden entsprechen.[54]

6.2.2.   Befragung

Befragungen nehmen bei Dienstleistungen einen besonders hohen Stellenwert ein, da sie aus Sicht des Kunden zur Erfassung der Kundenzufriedenheit sowie zur Ermittlung der Dienstleistungsqualität und des Dienstleistungsimages eingesetzt werden können. Im Gegensatz zur

---

[52]   Vgl. Stauss, B. (2000): Augenblicke der Wahrheit in der Dienstleistungserstellung – Ihre Relevanz und ihre Messung mit Hilfe der Kontaktpunkt-Analyse, in: Bruhn, M./Stauss, B. (Hrsg.): Dienstleistungsqualität, S. 330.
[53]   Vgl. Meffert, H./Bruhn, M. (2006): Dienstleistungsmarketing, S. 313.
[54]   Vgl. Stauss, B. (2000): Augenblicke der Wahrheit in der Dienstleistungserstellung – Ihre Relevanz und ihre Messung mit Hilfe der Kontaktpunkt-Analyse, in: Bruhn, M./Stauss, B. (Hrsg.): Dienstleistungsqualität, S. 330.

Beobachtung hängt eine Befragung von der Auskunftsbereitschaft des Dienstleistungsabnehmers ab.[55] Bei den Befragungen äußern sich Personen zu einem bestimmten Erhebungsgegenstand. Das erfolgt in einem persönlichen Gespräch, telefonisch oder im direkten Augenkontakt zwischen Dienstleistungsersteller und Dienstleistungsnachfrager oder auf schriftlichem Weg in Form eines Fragebogens, welcher am Computer oder postalisch beantwortet werden kann.[56] Bei der persönlichen Befragung besteht durch den direkten Kontakt zum Kunden eine sehr hohe Antwortquote, wodurch wiederum die Repräsentativität der Ergebnisse gewährleistet ist. Außerdem stellt dieses Verfahren eine große Flexibilität bereit, weil grundsätzlich alle Arten von Stimuli und das gesamte Spektrum des Frage- und Antwortinstrumentariums einsetzbar sind. Diese Erhebungsmethode ist jedoch auch mit Nachteilen verbunden. So ist dieses Verfahren sehr zeit- und kostenintensiv. Darüber hinaus besteht bei der ohnehin schon langen Abwicklungsdauer auch die Gefahr der suggestiven Beeinflussung durch den Interviewer.[57] Dieser Einfluss entfällt bei der schriftlichen Befragung ganz. Hier haben die Befragten die Möglichkeit, durchdachte Antworten zu geben. Auch ist für das Dienstleistungsunternehmen die schriftliche Form der Befragung im Gegensatz zu persönlichen Interviews mit einem viel geringeren zeitlichen und organisatorischen Aufwand verbunden. Die Rücklaufquote ist erfahrungsgemäß geringer ist als bei mündlichen Befragungen.[58] Neben der Art unterscheidet man die Befragung weiterhin nach dem Gegenstand, der Fragetechnik, der Häufigkeit und der Form. Beim Gegenstand differenziert man zwischen der Ein-Themen-Befragung, die in der Praxis aufgrund der oft ange-

---

[55]   Vgl. Meffert, H./Bruhn, M. (2006): Dienstleistungsmarketing, S. 145.
[56]   Vgl. Tscheulin, D. K./Helmig, B. (2004): Gabler Lexikon Marktforschung, S. 52.
[57]   Vgl. Diller, H. (2001): Vahlens Großes Marketinglexikon, S. 131.
[58]   Vgl. Meffert, H./Bruhn, M. (2006): Dienstleistungsmarketing, S. 146f.

wandten Eigennutzmaximierung durch die Befragten eher selten Anwendung findet, und der Mehr-Themen-Befragung, die mehrere Themenbereiche beinhaltet und durch eine Vermischung von Fragen aus mehreren Themenbereichen versucht, die eigentlichen Hintergründe vor den Befragten zu verbergen. Im Sinne der Fragetechnik bieten sich zwei Formen der Fragestellungen an. Einerseits die direkte Fragestellung, welche sich bei bestimmten Themengebieten durch eine hohe Anzahl an nicht- oder falsch beantworteten Fragen auszeichnet. Andererseits gibt es die indirekten Fragen, die sich wiederum aus mehreren Fragetypen zusammensetzen, um den gewünschten Sachverhalt auf Umwegen zu erfahren oder aber durch die Reaktionen von den Befragten, Rückschlüsse auf ihr Verhalten beziehungsweise auf ihre Persönlichkeitsstruktur zu ziehen. Die Häufigkeit gibt Auskunft darüber, ob Befragungen einmalig oder öfter durchgeführt werden. Durch die Art des Fragekatalogs wird die Form einer Befragung bestimmt. Man unterscheidet den standardisierten Fragebogen, das grob strukturierte Fragegerüst und das freie Interview.[59]

Psychologisch gesehen passiert während einer Befragung des Kunden einiges. So wird dem Kunden die hohe Wertschätzung deutlich, die ihm seitens des Unternehmens entgegengebracht wird. Er erkennt, dass er aktiv in die weitere Unternehmensgestaltung eingebunden wird. In vielen Fällen wird die Befragung als magischer Moment empfunden, über den man im Unternehmen spricht und der sich deutlich positiv auf das Image des Unternehmens auswirkt. Daneben wird dem Kunden auch deutlich, welche Leistungen ihm im Unternehmen geboten werden. Durch die Befragung wird er sich gedanklich mit seinem Dienstleistungsunternehmen beschäftigen.[60]

---

[59] Vgl. Bruhn, M./Homburg, C. (2004): Gabler Lexikon Marketing, S. 77.
[60] Vgl. Würtenberger, A./Würtenberger, R. (2008): Angst vor der Kundenmeinung?, in: Fitness Management International, Nr. 3, S. 51.

6.2.3. Sequenzielle Ereignismethode

Die sequenzielle Ereignismethode umfasst die Ermittlung von positiven und negativen Ereignissen im Qualitätserleben von Konsumenten auf der Basis des in Kapitel 6.1. beschriebenen Blueprint.[61] Hierbei steht jedoch nicht die einzelne Interaktion zwischen dem Kunden und dem Dienstleistungsanbieter, sondern die gesamte Sequenz des Ablaufdiagramms im Zentrum des Messansatzes.[62] Es wird davon ausgegangen, dass Kunden aus der Vielzahl der Situationen nur eine begrenzte Anzahl wahrnehmen können, während ihnen eine Vielzahl anderer verborgen bleibt.[63] Das Verfahren setzt sich wie folgt zusammen. Zuerst werden die von dem Dienstleistungskunden durchlaufenen Kontaktpunkte in dem besagten Blueprint grafisch dargestellt. Anschließend wird im zweiten Schritt eine mündliche, offene und strukturierte Befragung mit dem Kunden durchgeführt. Hier wird dem Kunden eine Abbildung des Kundenpfades, in dem die Kontaktpunkte in ihrem typischen Ablauf verbal beschrieben oder durch Fotos beziehungsweise Symbole abgebildet sind, vorgelegt. Aufbauend auf dieser Basis werden die Befragten gebeten, den Ablauf ihres Dienstleistungserlebens in Gedanken noch einmal durchzugehen, um nachfolgend das Erleben von jedem Ereignis als positiv oder negativ einzustufen und auf einer Skala anzugeben, welche Bedeutung ihrer Meinung nach jedem Ereignis zukommt. Dies erlaubt später eine klare Trennung und gesonderte kontaktpunkttypische Auswertung von weniger bedeutsamen und sehr stark empfundenen Kontakterlebnissen. Zusätzlich zur Bedeutung werden die Befragten gebeten, anhand einer Zufrie-

---

[61] Vgl. Stauss, B./Hentschel, B. (1990): Verfahren der Problemdeckung und -analyse im Qualitätsmanagement von Dienstleistungen, in: Jahrbuch der Absatz- und Verbrauchsforschung, 36. Jg., Nr. 3, S. 246f.

[62] Vgl. Bruhn, M./Homburg, C. (2004): Gabler Lexikon Marketing, S. 749.

[63] Vgl. Pepels, W. (2008): Qualitäts- und Zufriedenheitsmessung als CRM-Basis, in Helmke, S./Uebel, M. F./Dangelmaier, W. (Hrsg.): Effektives Customer Relationship Management, S. 38.

denheitsskala den jeweiligen Kontaktpunkt zu beurteilen. Für den Dienstleistungsanbieter ist es somit möglich, den Einfluss des Kontaktpunkttypischen Erlebens auf die Gesamtzufriedenheit an den Kontaktpunkten zu ermitteln.[64] Da die einzelnen Phasen des Dienstleistungsprozesses aus aktueller und subjektiver Kundensicht bewertet werden, erweist sich die sequenzielle Ereignismethode als vorteilhaft gegenüber anderen Methoden. Allerdings entstehen aufgrund des relativ hohen Erhebungs- und Auswertungsaufwandes entsprechend hohe Durchführungskosten.[65]

6.2.4. Critical-Incident-Technique

Bei der Critical-Incident-Technique wird versucht, auf Basis einer Befragung die aus Kundensicht kritischen Ereignisse zu identifizieren.[66] Als kritische Ereignisse werden Erlebnisse bezeichnet, die der Kunde bei der Wahrnehmung der Dienstleistungsqualität besonders zufriedenstellend oder unbefriedigend erlebt hat. Um dieses herauszufinden, könnte dem Kunden zum Beispiel folgende Frage gestellt werden: „Erinnern Sie sich an ein Ereignis, bei dem Sie als Kunde mit uns als Dienstleister besonders zufrieden beziehungsweise unzufrieden waren?" Mit Zusatzfragen wie zum Beispiel „Haben Sie aus diesem Erlebnis eine persönliche Konsequenz gezogen?" wird versucht, die Wahrnehmung des kritischen Ereignisses durch den Kunden näher zu analysieren.[67] Anschließend kann hiermit ein Anforderungsprofil an Leistungsprozesse abgeleitet werden. Vorteilhaft ist dabei vor allem, dass von den individuellen Bedürfnissen der Kunden ausgegangen

---

[64] Vgl. Stauss, B. (2000): Augenblicke der Wahrheit in der Dienstleistungserstellung – Ihre Relevanz und ihre Messung mit Hilfe der Kontaktpunkt-Analyse, in: Bruhn, M./Stauss, B. (Hrsg.): Dienstleistungsqualität, S. 331f.
[65] Vgl. Meffert, H./Bruhn, M. (2006): Dienstleistungsmarketing, S. 335.
[66] Vgl. Hüttner, M. (2002): Grundzüge der Marktforschung, S. 398.
[67] Vgl. Tscheulin, D. K./Helmig, B. (2004): Gabler Lexikon Marktforschung, S. 99f.

wird.[68] Möglich ist auch, die Critical-Incident-Technique mit der sequenziellen Ereignismethode zu kombinieren. Dabei wird der Kunde zu jeder einzelnen abgebildeten Phase befragt, was er dort als besonders positiv oder besonders negativ empfand.[69] Auf diese Weise werden alle Aspekte, die für den Dienstleistungskunden beim Dienstleistungserleben von subjektiver Relevanz sind, erfasst. Somit erhält man Auskünfte über die Mindesterwartungen der Kunden bezüglich des Qualitätsniveaus der Leistungserstellung, über das gewünschte Reaktionsverhalten der Mitarbeiter oder über mögliche Schwächen im Dienstleistungserstellungsprozess.[70] Die Methode der kritischen Ereignisse beinhaltet im Vergleich zu Verfahren einer merkmalsorientierten Messung den entscheidenden Vorteil der Eindeutigkeit der Aussagen, da die befragten Kunden aus eigenem Ermessen die für sie persönlich bedeutsamen Erlebnisse vortragen können und sich nicht für eine vorgegebene Anzahl von abstrakt formulierten Qualitätsmerkmalen entscheiden müssen.[71]

6.2.5. Switching-Path-Analyse

Hierbei handelt es sich um eine Weiterentwicklung der in Kapitel 6.2.4. beschriebenen Critical-Incident-Technique. Es soll jedoch nicht die einzelne Transaktion, sondern die Kundenbeziehungsperspektive im Vordergrund stehen. Dabei wird das Ziel verfolgt, den gesamten Abwanderungsprozess, angefangen von einem bestimmten Auslöser bis

---

68 Vgl. Pepels, W. (2008): Qualitäts- und Zufriedenheitsmessung als CRM-Basis, in Helmke, S./Uebel, M. F./Dangelmaier, W. (Hrsg.): Effektives Customer Relationship Management, S. 36.
69 Vgl. Tscheulin, D. K./Helmig, B. (2004): Gabler Lexikon Marktforschung, S. 99f.
70 Vgl. Stauss, B. (2000): Augenblicke der Wahrheit in der Dienstleistungserstellung – Ihre Relevanz und ihre Messung mit Hilfe der Kontaktpunkt-Analyse, in: Bruhn, M./Stauss, B. (Hrsg.): Dienstleistungsqualität, S. 332.
71 Vgl. Meffert, H./Bruhn, M. (2006): Dienstleistungsmarketing, S. 337.

hin zur Aufnahme einer neuen Beziehung, abzubilden.[72] Dazu werden abgewanderte Kunden in einem strukturierten, persönlichen Interview zu ihren Abwanderungsgründen befragt. Abbildung 11 zeigt zur Verdeutlichung die verschiedenen Fragenkomplexe eines solchen Interviews.

Abbildung 11: **Fragenkatalog einer Switching-Path-Analyse**

Fragenkomplex	Beispiel
Abwanderungsentscheidung	Wann haben Sie erstmalig über eine Abwanderung nachgedacht?
Abwanderungsprozess	Wie lange hat sich diese Entscheidung hingezogen?
Auslöser des Abwanderungsprozess	Hat ein bestimmtes Ereignis den Abwanderungsprozess ausgelöst?
Vorherige Form der Geschäftsbeziehung	Wie war die Beziehung vor der Abwanderungsentscheidung?
Unternehmensverhalten nach Abwanderung	Wie hat das Unternehmen auf die Abwanderung reagiert?
Gründe für die Wahl des neuen Anbieters	Aus welchen Gründen wurde der neue Anbieter gewählt?
Vergleich der neuen mit der alten Beziehung	Wie ist die alte im Vergleich zur neuen Geschäftsbeziehung zu bewerten?

Quelle: Meffert, H./Bruhn, M. (2006): Dienstleistungsmarketing, S. 337.

Im Mittelpunkt des Analyseverfahrens steht die Aufgabe, entscheidungsrelevante Informationen zur Planung der Rückgewinnung der Kunden zu bekommen. Neben dem Nutzen der verbesserten Informationsbasis zu den Schwächen der Dienstleistungserstellung und den grundsätzlichen Erkenntnissen zu Abwanderungsprozessen können die Ergebnisse ferner der Festlegung von geeigneten Indikatoren zur

---

[72]   Vgl. Bruhn, M. (2003): Qualitätsmanagement für Dienstleistungen, S. 116.

Aufdeckung abwanderungsgefährdeter oder abgewanderter Kunden dienen.[73]

Die dargestellten ereignisorientierten Messverfahren haben gezeigt, dass eine Reihe von Verfahren für die qualitative Kontaktpunkt-Erlebnismessung brauchbar ist. Aufgrund des hohen Erhebungs- und Auswertungsaufwandes empfiehlt es sich, die Verfahren der sequenziellen Ereignismethode und der Critical Incident Technik nicht kontinuierlich einzusetzen. Um jedoch die Kundenkontaktpunkte kontinuierlich unter Kontrolle zu haben, sollte zur zwischenzeitlichen Überwachung auf die einfachen einsetzbaren und kostengünstigen, wenn auch nur begrenzten Methoden, wie zum Beispiel der Beobachtung mit dem Silent-Shopper-Verfahren, zurückgegriffen werden. Des Weiteren sollten die laufenden außergewöhnlich negativ empfundenen Kontaktpunkte permanent und sorgfältig anhand kostenlos eingehender Beschwerdeinformationen ausgewertet werden.[74]

6.3. Quantitative Kontaktpunkt-Problembewertung

In diesem Abschnitt werden die aus Kundensicht qualitätsrelevanten Problemfelder im Rahmen der Dienstleistungserstellung betrachtet. Zu dieser Gruppe von Ansätzen gehören die Problem-Detecting-Methode, die Frequenz-Relevanz-Analyse für Probleme und die Beschwerdeanalyse.[75]

6.3.1.   Problem-Detecting-Methode

Im Rahmen der Problem-Detecting-Methode werden Aussagen darüber getroffen, wie dringend ein Problem behoben werden muss. Hierzu werden Kunden zu spezifizierten Problemfällen und ihren Beurtei-

---

[73]   Vgl. Bruhn, M./Homburg, C. (2004): Gabler Lexikon Marketing, S. 795.
[74]   Vgl. Stauss, B. (2000): Augenblicke der Wahrheit in der Dienstleistungserstellung – Ihre Relevanz und ihre Messung mit Hilfe der Kontaktpunkt-Analyse, in: Bruhn, M./Stauss, B. (Hrsg.): Dienstleistungsqualität, S. 333.
[75]   Vgl. Bruhn, M. (2003): Qualitätsmanagement für Dienstleistungen, S. 122.

lungen befragt. Im Zentrum der Methode steht die Häufigkeit, mit der ein Problem bei der Serviceerstellung auftritt. Zusätzlich soll dabei auch die Bedeutung des Problems in der Wahrnehmung des Kunden untersucht werden.[76] Dabei gilt die Annahme, dass ein Problem umso dringlicher der Aufmerksamkeit durch das Dienstleistungsmanagement bedarf, je häufiger es auftritt und je ärgerlicher beziehungsweise bedeutsamer sein Auftreten von den Kunden empfunden wird. Da bei diesem Verfahren keine generelle Entdeckung von Problemen stattfindet, lässt sich dieses Verfahren nur einsetzen, wenn im Vorfeld die entsprechenden Problemklassen bereits mittels entsprechender Verfahren, wie beispielsweise der sequenziellen Ereignismethode, ermittelt wurden. Somit ist diese Methode der Qualitätsmessung lediglich ein ergänzendes Verfahren, das als Voraussetzung für die Anwendung stets die Kenntnis der kundenrelevanten Probleme bedarf.[77] Das Vorgehen der Problem-Detecting-Methode erfolgt in fünf Schritten. Am Anfang steht die Ermittlung einer Problemliste, beispielsweise durch die Critical-Incident-Technik, welche im zweiten Schritt nach Relevanz- und Redundanzaspekten komprimiert wird. Im dritten Schritt wird ein Fragebogen mit Statements zu den einzelnen Problemen erstellt. Mit Hilfe dieses Fragebogens werden im vierten Schritt die Daten der Kundenaussagen mittels schriftlicher, mündlicher oder telefonischer Befragung erhoben. Schließlich folgt die Auswertung der Daten und Präsentation in Problemindizes oder Problemdiagrammen.[78] Besonders geeignet für die Auswertung problembehafteter Dienstleistungsbereiche, die sich aufgrund des Zusammenwirkens mehrerer Einzelleistungen auszeichnen, ist die in Abbildung 12 dargestellte Formel des Lindqvist-Index.

---

[76]   Vgl. Bruhn, M./Homburg, C. (2004): Gabler Lexikon Marketing, S. 674.
[77]   Vgl. Bruhn, M./Murmann, B. (1998): Nationale Kundenbarometer, S. 21.
[78]   Vgl. Meffert, H./Bruhn, M. (2006): Dienstleistungsmarketing, S. 342.

Abbildung 12:   Lindqvist-Index

$$\text{Lindqvist-Index} = \frac{\sum_{i=1}^{n} (a_i + b_i)}{n}$$

Quelle: Bruhn, M. (2008): Qualitätsmanagement für Dienstleistungen, S. 183.

Dabei gibt die Variable a_i an, wie stark der Befragte dem jeweiligen Statement zustimmt. Die Variable b_i zeigt, wie wichtig dem Befragten eine Beseitigung des angesprochenen Problems ist. Die Variable n steht für die Anzahl der befragten Personen. Nach der Berechnung des Lindqvist-Index entscheidet die Höhe des Ergebnisses, welchen Rang das Problem einnimmt. Grundsätzlich gilt, je höher der Lindqvist-Index umso höher der Rang. Abbildung 13 zeigt Ausschnitte aus einer Problemliste mit dem jeweiligen Lindqvist-Index.[79]

Abbildung 13:   Beispielhafte Problemliste der Problem Detecting-Methode

Rang	Einzelprobleme	Lindqvist-Index
1	„Es gibt wenig Raum um Gepäck nach Verlassen der Kabine zu verstauen."	6,182
2	„Es nervt, wenn man zwei Stunden vor der Ankunft in Stockholm seine Kabine verlassen muss."	5,892
3	„Es ist unmöglich, sich beim Essen zu unterhalten, wenn man nahe der Band sitzt."	5,833
·	·	·
·	·	·
80	„Das Personal in den Terminals ist unfreundlich."	2,814
81	„In der Cocktailbar ist es langweilig ohne Disco-Musik."	2,749

Quelle: Eigene Darstellung in Anlehnung an: Bruhn, M. (2008): Qualitätsmanagement für Dienstleistungen, S. 184.

---

[79]   Vgl. Bruhn, M. (2008): Qualitätsmanagement für Dienstleistungen, S. 183ff.

6.3.2. Frequenz-Relevanz-Analyse

Die Frequenz-Relevanz-Analyse stellt eine Weiterentwicklung der Problem-Detecting-Methode da. Bei dieser Analyse werden die Problemklassen ermittelt und die Positionierung dieser Klassen in einem Bewertungsraster erfasst. Hierbei wird nicht nur die Problemfrequenz, sondern auch die Problemrelevanz berücksichtigt (vgl. Abbildung 14).[80] Das Vorgehen dieser Analyse erfolgt genauso wie die Problem-Detecting-Methode. Es beinhaltet jedoch für jede Problemkategorie nach der Erstellung des Fragebogens mit den Statements zu den jeweiligen Problemen zwei Fragen. Zunächst wird gefragt, ob das Problem überhaupt aufgetreten ist. Diese Frage dient zur Ermittlung der Häufigkeit des Problemauftritts. Mit der zweiten Frage wird die wahrgenommene Relevanz erfasst. Das kann dadurch erfolgen, dass man bei bejahtem Problemauftritt die Kunden bittet, entweder das Ausmaß der Verärgerung auf einer Verärgerungsskala oder aber das tatsächliche bzw. geplante Reaktionsverhalten auf einer Loyalitätsskala anzugeben.[81] Nach Erhebung dieser Daten schließt sich die Auswertung an. In diesem Schritt werden die ermittelten Kundenreaktionen in Frequenz- und Relevanzwerte überführt. Dabei ist die Ermittlung der Frequenzwerte relativ unproblematisch, weil hier lediglich die Häufigkeit der jeweiligen genannten Problemfälle aufsummiert und durch die Anzahl aller Befragten dividiert wird. Die Relevanzwerte werden durch die Verknüpfung des Ausmaßes der Verärgerung und der einzelnen Reaktionsformen gewonnen. Dabei werden diese beiden Größen mit Punktwerten belegt, so dass sich aus der Multiplikation der beiden Werte die Kennzahl für die Problemrelevanz ergibt. Die so gewonne-

---

80   Vgl. Bruhn, M./Homburg, C. (2004): Gabler Lexikon Marketing, S. 262.
81   Vgl. Stauss, B. (2000): Augenblicke der Wahrheit in der Dienstleistungserstellung – Ihre Relevanz und ihre Messung mit Hilfe der Kontaktpunkt-Analyse, in: Bruhn, M./Stauss, B. (Hrsg.): Dienstleistungsqualität, S. 335.

nen Werte können dann für ein Diagramm, so wie es Abbildung 14 zeigt, genutzt werden.[82]

Abbildung 14: **Beispiel einer Frequenz-Relevanz-Analyse für Probleme**

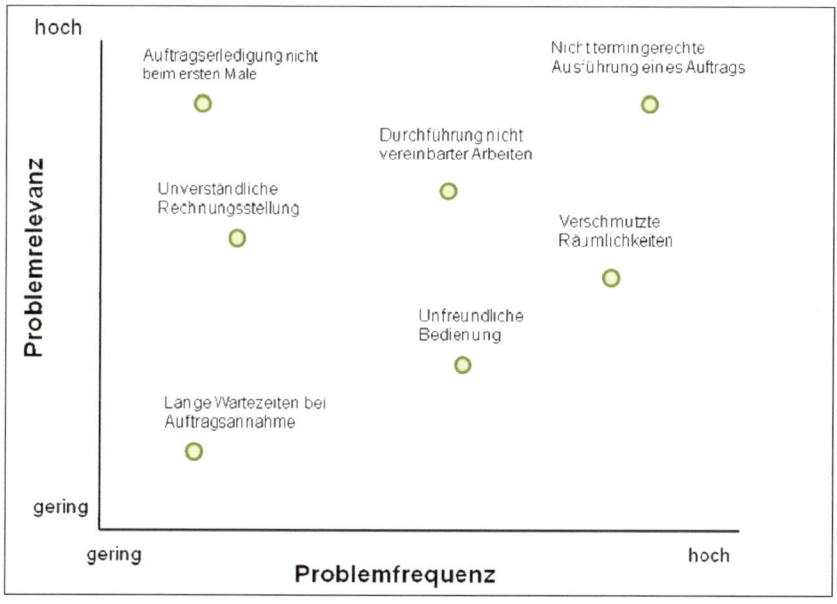

Quelle: Eigene Darstellung in Anlehnung an: Stauss, B. (2000): Augenblicke der Wahrheit in der Dienstleistungserstellung – Ihre Relevanz und ihre Messung mit Hilfe der Kontaktpunkt-Analyse, in: Bruhn, M./Stauss, B. (Hrsg.): Dienstleistungsqualität – Konzepte – Methoden – Erfahrungen, S. 334.

Um die Dringlichkeit von Problembehebungsmaßnahmen besser einzuschätzen, ist eine Datenauswertung sinnvoll, die den Beitrag der Einzelprobleme an der Gesamtproblematik aufzeigt. Hierfür eignet sich die sogenannte Pareto-Analyse, die im ersten Schritt einen Problemwertindex ermittelt. Dieser ergibt sich als Quotient aus dem Relevanzwert pro Problemdimension und der Summe der Relevanzwerte.

---

[82]   Vgl. Bruhn, M. (2003): Qualitätsmanagement für Dienstleistungen, S. 125.

Das dazugehörige Pareto-Diagramm lässt sich zeichnen, indem auf der Abszisse die Probleme nach ihrem Problemwertindex geordnet eingetragen und anschließend die jeweiligen Prozentanteile am Totalproblemwertindex und deren kumulierte Summen berechnet werden. Anhand des Beispiels, das Abbildung 15 zeigt, ist zu erkennen, dass für die ersten vier Problemarten dringende Behebungsmaßnahmen unternommen werden müssen, da sie kumuliert mehr als 80 Prozent der Gesamtproblematik ausmachen.[83] Die Frequenz-Relevanz-Analyse ist aufgrund der Erhebung von Häufigkeitswerten zum Auftreten von Problemen am sinnvollsten einsetzbar bei Dienstleistungen, die über einen entsprechend langen Zeitraum genutzt werden. Somit ist eine nutzenbringende Anwendung weitgehend ausgeschlossen, wenn ein Dienstleistungsangebot nur einmalig beziehungsweise sporadisch genutzt wird.[84]

Abbildung 15:   Beispiel für ein Pareto-Diagramm

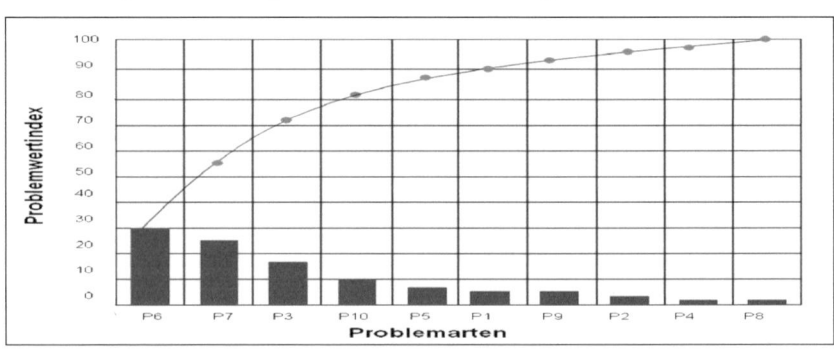

Quelle: Stauss, B. (2000): Augenblicke der Wahrheit in der Dienstleistungserstellung – Ihre Relevanz und ihre Messung mit Hilfe der Kontaktpunkt-Analyse, in: Bruhn, M./Stauss, B. (Hrsg.): Dienstleistungsqualität – Konzepte – Methoden – Erfahrungen, S. 336.

---

[83]   Vgl. Stauss, B. (2000): Augenblicke der Wahrheit in der Dienstleistungserstellung – Ihre Relevanz und ihre Messung mit Hilfe der Kontaktpunkt-Analyse, in: Bruhn, M./Stauss, B. (Hrsg.): Dienstleistungsqualität, S. 335.

[84]   Vgl. Bruhn, M. (2003): Qualitätsmanagement für Dienstleistungen, S. 125f.

6.3.3. Beschwerdeanalyse

Durch Beschwerden bringt ein Dienstleistungskunde seine Unzufriedenheit mit dem Dienstleistungsunternehmen immer dann zum Ausdruck, wenn er die erlebten Probleme als gravierend betrachtet.[85] Der besondere Vorteil von Beschwerden durch den Kunden liegt in der Aktualität und Relevanz der Probleme sowie im relativen Kostenvorteil, da die Beschwerden auf Initiative und Kosten der Kunden artikuliert werden. In vielen Fällen ist es jedoch problematisch, den Kunden zu einer Beschwerdeführung zu stimulieren.[86] Man spricht hier vom sogenannten Eisberg-Phänomen des Beschwerdemanagements. Demnach schwankt der Anteil der Nicht-Artikulation von Beschwerden abhängig von der Branche zwischen 37,1% und bis zu 97%.[87] Aus diesem Grund müssen Beschwerdekanäle eingerichtet werden, die es dem Kunden leicht machen, seine Unzufriedenheit gegenüber dem Dienstleistungsunternehmen zu äußern. Hierfür sollten dem Kunden mündliche, schriftliche, telefonische oder elektronische Beschwerdewege zur Verfügung stehen. Das Vorhandensein dieser Beschwerdekanäle zeigt dem Kunden, dass sein artikuliertes Problem auch ernst genommen wird und dafür beschwerdespezifische Prozesse und Verantwortlichkeiten definiert und eingerichtet worden sind. Beim mündlichen Beschwerdekanal kommunizieren die Kunden direkt mit den Mitarbeitern und können ihre Unzufriedenheit somit unmittelbar in der Interaktion artikulieren. In der Praxis wird jedoch in unterschiedlichem Maße davon Gebrauch gemacht, je nachdem, wie die Kunden ihre eigene Rolle im Verhältnis zum Interaktionspartner einschätzen und welche Reaktion sie von ihm erwarten. Somit werden Kunden eher abwandern als sich beschweren, wenn sie eine unangenehme Ausei-

---

[85] Vgl. Bruhn, M./Murmann, B. (1998): Nationale Kundenbarometer, S. 22.
[86] Vgl. Meffert, H./Bruhn, M. (2006): Dienstleistungsmarketing, S. 344f.
[87] Vgl. Stauss B./Seidel, W. (2007): Beschwerdemanagement, S. 309ff.

nandersetzung befürchten, der sie sich weder psychisch noch rhetorisch gewachsen fühlen und die zu einer auch von anderen Kunden wahrnehmbaren Niederlage führt. Aus diesem Grunde ist es notwendig, dass das Unternehmen dem Kunden kommuniziert, dass auch kritische Kundenäußerungen erwünscht sind und diese dankbar von den Mitarbeitern aufgenommen werden. Eine weitere Möglichkeit besteht darin, nicht passiv auf Beschwerden vom Kunden zu warten, sondern ihn aktiv auf seine erlebten Probleme anzusprechen. Diese Form erleichtert es dem Kunden sich zu beschweren, da er seine Kritik als Verbesserungsvorschlag äußern kann.[88] Im Gegensatz zu den mündlichen Beschwerden kosten schriftliche Beschwerden den Kunden viel Zeit und Mühe, so dass er sich nur in den seltensten Fällen auf diese Weise beschweren wird. Erfahrungsgemäß machen Kunden es immer dann, wenn es sich um Haftungsfälle handelt, der Kunde sich persönlich an die Geschäftsleitung wenden oder bestimmte Umstände nachweislich festhalten möchte. Um einen beschwerdestimulierenden Effekt für Briefe zu erreichen, muss dem Kunden deutlich kommuniziert werden, an wen er seine schriftliche Beschwerde richten kann.[89] Der telefonische Beschwerdekanal bietet dem Kunden grundsätzlich drei Vorteile. Zum einen eine schnellere Problemlösung, da viele Probleme noch im Gespräch gelöst werden können oder aber unmittelbar an die zuständige Stelle weitergeleitet und der Beschwerdebearbeitungsprozess unverzüglich begonnen werden kann. Der nächste Vorteil steckt in den reduzierten Beschwerdebearbeitungskosten des Unternehmens, da die durchschnittlichen Bearbeitungskosten eines typischen Telefongespräches erheblich unter denen für die schriftliche Beantwortung einer Anfrage liegt. Der letzte aber nicht unwesentlichste Vorteil des telefonischen Beschwerdekanals liegt in der individuelleren Kunden-

---

[88] Vgl. Stauss B./Seidel, W. (2007): Beschwerdemanagement, S. 116f.
[89] Vgl. Vergnaud, M. (2002): Beschwerdemanagement, S. 15.

ansprache. So kann das Gespräch direkter und besser durch den geschulten Mitarbeiter geführt werden. Dieser hat somit die Gelegenheit, das Ausmaß der Kundenverärgerung realistisch einzuschätzen, den Sachverhalt unmittelbar zu klären, Erläuterungen vorzunehmen und sich in persönlicher Weise zu entschuldigen. Darüber hinaus erfährt er Einzelheiten über die Erwartungen des Kunden und kann gemeinsam mit ihm nach einer angemessenen Lösung suchen. Die elektronischen Beschwerdewege stellen eine weitere Form dar, um als Beschwerdeführer seine Beschwerden beispielsweise mittels E-Mail oder über die Homepage des jeweiligen Dienstleistungsunternehmens zu äußern. Der Vorteil der E-Mail gegenüber dem telefonischen Beschwerdekanal zeichnet sich dadurch aus, dass Absender und Empfänger einer Beschwerde nicht gleichzeitig anwesend sein müssen. Des Weiteren reduzieren sich im Vergleich zum Brief der Arbeits- und Zeitaufwand und selbst die Übertragung über große geografische Entfernungen erfolgt in nur wenigen Sekunden. Somit bietet die E-Mail geringere Dialogbarrieren und fördert das Zustandekommen von Beschwerden, die ansonsten nicht artikuliert würden. Aber auch die Homepage des Dienstleistungsunternehmens stellt eine geeignete Plattform da, um über einen Link auf eine Beschwerdeseite zu gelangen. Für die beschwerdestimulierende Wirkung ist es entscheidend, dass der Beschwerdelink bereits auf der ersten Seite deutlich platziert und möglichst auch auf anderen Seiten des Internetangebotes vorhanden ist.[90]

---

[90]   Vgl. Stauss B./Seidel, W. (2007): Beschwerdemanagement, S. 121ff.

7. Praktische Umsetzung der Kundenkontaktpunktanalyse am Beispiel einer Fitnessanlage

Der theoretische Teil der Arbeit beschäftigte sich mit den wesentlichen Grundlagen, welche zum Verständnis sowie der Notwendigkeit einer Analyse der Kundenkontaktpunkte beitragen. Nun wendet sich die Arbeit mit einer empirischen Analyse dem praktischen Teil zu. Auf der theoretischen Grundlage von GAP 1 soll durch eine Kundenkontaktpunktanalyse herausgearbeitet werden, ob es zu Differenzen hinsichtlich der Kundenerwartungen gegenüber den erstellten Dienstleistungen einer Fitnessanlage kommt.

Eine Fitnessanlage unterscheidet sich in ihren Leistungen von anderen Dienstleistungsbranchen und zudem erheblich von Sachgüterunternehmen,[91] deshalb soll an dieser Stelle kurz auf deren Besonderheiten eingegangen werden.

Eine Fitnessanlage wird diesbezüglich als Sporteinrichtung definiert, welche sich durch einen angemessenen Standard ihres Angebotes auszeichnet. Das Leistungssystem einer Fitnessanlage ist folglich durch Sport und Erholung gekennzeichnet. Die angebotenen Leistungen ergeben sich hierbei aus der Kombination von Sachgütern (bspw. Fitnessgeräte) und Dienstleistungen (bspw. Trainingsbetreuung durch die Trainer). Die Fitnessleistungen werden an die Kunden weitergegeben, wobei diese als externer Faktor in den Leistungserstellungsprozess integriert wird. Die Leistung, welche auf dem direkten, unmittelbaren Kontakt zwischen Mitarbeiter und Kunden basiert, wird am Kunden erbracht. Er ist zur Leistungserbringung erforderlich und determiniert ebenso die Qualität beziehungsweise den Erfolg der Leistung.[92]

---

[91]   Vgl. Stauss, B./Seidel, W. (2007): Beschwerdemanagement, S. 49
[92]   Vgl. Gardini, M. A. (2004): Marketingmanagement in der Hotellerie, S. 21ff.

Der Sport und die Entspannung stellen die Kernleistungen einer Fitnessanlage dar. Die Nebenleistungen definieren sich anhand zusätzlicher Dienstleistungsfunktionen. Sie bilden ein Unterscheidungsmerkmal, wodurch sich eine Fitnessanlage gegenüber den Wettbewerbern abheben kann. Aus diesem Grund fällt das Spektrum dieser Leistungen in der Fitnessbranche sehr unterschiedlich aus. Zu diesen Leistungen gehören beispielsweise Massagen, Kinderbetreuung oder Outdooraktivitäten.[93]

Dienstleistungen in Fitnessanlagen sind zudem äußerst personal- und interaktionsintensiv. Die Wahrnehmung und Beurteilung der Dienstleistungsqualität seitens des Kunden werden daher unmittelbar vom kundenorientierten Verhalten des Personals beeinflusst. Das Ausmaß und die Bedeutung des persönlichen Kontaktes zwischen Kunden und Mitarbeitern werden dazu hauptsächlich durch die jeweilige Preiskategorie der Fitnessanlage bestimmt. Zudem charakterisiert die Bedeutung des persönlichen Kontaktes in Verbindung mit der Dominanz der Dienstleistungsaspekte und der Individualität der Leistungserstellung die Fitnessleistungen als Erfahrungsgüter. Demnach fällt es dem Kunden schwer, vor der Inanspruchnahme der Dienstleistung deren Leistungsfähigkeit zu beurteilen. Diese Beurteilung ist erst im Anschluss an die Nutzung möglich. Somit ist der Kunde einem hohen Nutzungsrisiko ausgesetzt. Darüber hinaus sind die Fitnessdienstleistungen durch Immaterialität geprägt. Dies impliziert ebenfalls eine hohe Unsicherheit seitens des potentiellen Kunden in Bezug auf dessen Kaufentscheidung beziehungsweise seiner Beurteilung vor der Leistungsinanspruchnahme. Darüber hinaus sind sie weder lager- noch transportfähig. Beispielsweise kann die Nichtlagerung eines Probetrainings zu einem bestimmten Zeitpunkt nicht auf einen späteren verlegt werden. Diese Leistung gilt somit als verfallen. Die Erstellung und der Absatz

---

[93] Vgl. Gardini, M. A. (2004): Marketingmanagement in der Hotellerie, S. 42.

der Fitnessleistungen fallen nach dem so genannten Uno-actu-Prinzip synchron zusammen. Die Erstellung der Leistung muss daher zeitlich mit dem Absatz und Konsum synchronisiert und örtlich mit der Nachfrage in Einklang gebracht werden. Demzufolge müssen die Fitnessleistungen zu dem Zeitpunkt und an dem Ort zur Verfügung stehen, wann und wo sie nachgefragt werden. Sie sind folglich standortgebunden. Ein Ausgleich von beispielsweise saisonbedingten Nachfrageschwankungen ist nur durch Mitgliedschaften, bei denen Kunden sich verpflichten über einen bestimmten Zeitraum die Leistung zu nutzen, erreichbar. Nur so ist es möglich, die hohen Fixkosten einer Fitnessanlage zu decken.[94]

Der Geschäftsführer des Unternehmens war sehr erfreut über eine wissenschaftliche Auseinandersetzung mit dem Leistungsangebot seines Unternehmens. Aufgrund der Sensibilität der Daten wurde jedoch darum gebeten, die Namen sowie den Standort der Fitnessanlage nicht aufzuführen.

7.1. Informationen zur untersuchten Fitnessanlage

In der Fitnessanlage trainieren zurzeit 462 Mitglieder. Es kommen ca. 330 Kunden, die eine der Zehnerkarten für die Kurse, die Sauna oder die Gerätefläche nutzen (Stand 10.02.2011), dazu. Des Weiteren besuchen im Durchschnitt zehn Kunden pro Monat die Anlage per Tageskarte. Wegen der Irrelevanz und der Vielzahl von verschiedenen Mitgliedschaftsformen, die sich im Angebot, im Preis sowie in der Laufzeit unterscheiden, soll hier nur der Durchschnittspreis von 43,97 €/Monat (Stand 10.02.2011) erwähnt werden. Dieser errechnet sich wie folgt: Jedes einzelne Mitglied zahlt einen individuellen Beitrag für die in Anspruch genommene Leistung. Diese einzelnen Beiträge werden dann summiert und durch den aktuellen Mitgliederstand dividiert. Jetzt

---

[94] Vgl. Gardini, M. A. (2004): Marketingmanagement in der Hotellerie, S. 20.

wird ersichtlich, wie bedeutend es ist, die Kontaktpunkte zu analysieren, denn wenn man den Focus einmal nur auf die Mitgliederzahl legt und von diesen nur fünf Prozent mit einem oder mehreren Punkten unzufrieden sind und deswegen die Anlage verlassen, bedeutet das zur Zeit einen Rückgang von 23 Mitgliedern. Multipliziert mit dem Durchschnittspreis von 43,97 € ergäbe das einen Verlust von 1.011,31 € pro Monat.

7.2. Durchführung der Kundenkontaktpunktanalyse in der Fitnessanlage

Um den Prozess des Dienstleistungsempfindens der Kunden herauszufinden, wurde zunächst aufgrund einer intensiven Beobachtung das in Abbildung 16 zu sehende Blueprint erstellt.

Abbildung 16: Blueprint der Fitnessanlage

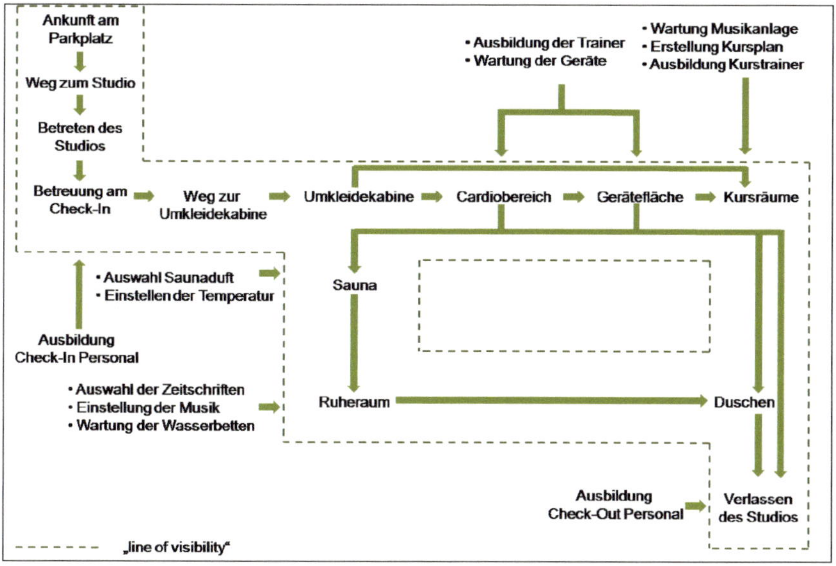

Quelle: Eigene Darstellung.

Hierbei stellte sich heraus, dass nicht alle Kunden die gleiche Dienstleistung in Anspruch nehmen. So zeigt die Abbildung beispielsweise, dass einige Kunden überhaupt keinen Sport machen und lediglich den

Saunabereich nutzen, wobei andere wiederum nur in die Kurse gehen und anschließend das Studio ohne zu Duschen verlassen. Aufbauend auf dieses Blueprint konnte nun mit einer Kombination aus der Critical Incident Technique und der sequenziellen Ereignismethode begonnen werden, das Qualitätserleben der Kunden zu ermitteln. Hierfür wurde die komplette Kundschaft des Fitnessstudios als Grundgesamtheit festgelegt. Nach einer erfolgreichen Testphase startete die Befragung, bei der kontinuierlich jeder zweite Kunde angesprochen und um eine Teilnahme gebeten wurde. Durch diese Zufallsauswahl konnte eine Repräsentativität der Stichprobe gewährleistet werden. Dabei enthielten sich nur wenige der angesprochenen Kunden einer Befragung, so dass die Rücklaufquote insgesamt sehr hoch ausfiel. Im Rahmen der Möglichkeiten konnte eine Teilerhebung mit einer Stichprobe von 48 Kunden durchgeführt werden. Die Befragung fand ausschließlich in der Fitnessanlage statt. Eine genaue Aufschlüsselung über die Zeit, die für die Befragung beansprucht wurde, zeigt Tabelle 1.

Tabelle 1:   **Informationen zur ersten Befragung**

Datum	Wochentag	Interviewer	Uhrzeit
15.03.2011	Montag	Robert Franz	11:00 - 15:00
16.03.2011	Dienstag	Robert Franz	08:00 - 12:00
17.03.2011	Mittwoch	Robert Franz	16:00 - 20:00
18.03.2011	Donnerstag	Robert Franz	13:00 - 17:00
21.03.2011	Sonntag	Robert Franz	10:00 - 14:00

Quelle: Eigene Darstellung.

Während der Befragung wurde jedem Einzelnen das mittels der Beobachtung erstellte Blueprint vorgelegt mit der Bitte, den Ablauf ihres Dienstleistungserlebens noch einmal gedanklich-emotional durchzugehen. Anschließend sollten die Kunden die einzelnen Kontaktpunkte positiv oder negativ einstufen und auf einer Skala angeben, welche

Bedeutung sie diesem Kontaktpunkt zuschreiben. Die Skalierung reichte von „bedeutend" (5) bis „unbedeutend" (1). Zusätzlich zu der Bedeutung sollten die Kunden auf einer weiteren Skala angeben, wie zufrieden sie mit dem jeweiligen Kontaktpunkten sind. Die Skalierung reichte hier von „zufrieden" (1) bis „unzufrieden" (5), jedoch hatten die Kunden auch die Möglichkeit, sofern sie das Ereignis als unbedeutend eingestuft und zuvor noch nie genutzt hatten, mit „nicht beurteilbar" (0) zu antworten.

Nachdem die Kunden zu den beiden Kriterien befragt wurden (die vollständige Auswertung befindet sich in Anlage 1), konnte aus den Antworten aller 48 befragten Personen der Mittelwert jedes Kontaktpunktes für die Bedeutung sowie für die Zufriedenheit berechnet und eine Rangliste erstellt werden. Schaut man sich die Ranglisten in Tabelle 2 einmal genauer an, dann fällt auf, dass die Kunden die höchste Bedeutung den Duschen beimessen, jedoch die Zufriedenheit mit diesen nur auf Rang neun liegt. Auf der anderen Seite belegt der Weg zur Umkleidekabine für die Bedeutung der Kunden den letzten Rang, die Zufriedenheit mit diesem Kontaktpunkt hingegen erzielt mit 1,33 den ersten Rang.

Tabelle 2: **Rangliste über die Bedeutung und Zufriedenheit der Kontaktpunkte**

Rang	Kontaktpunkt	Bedeutung	Rang	Kontaktpunkt	Zufriedenheit
1	Duschen	4,42	1	Weg zur Umkleidekabine	1,33
2	Gerätefläche	4,04	2	Verlassen des Studios	1,46
3	Ankunft am Parkplatz	3,60	3	Betreuung am Check-In	1,50
3	Betreuung am Check-In	3,60	4	Gerätefläche	1,62
5	Cardiobereich	3,50	5	Betreten des Studios	1,75
6	Umkleidekabine	3,40	6	Umkleidekabine	1,88
7	Betreten des Studios	3,33	7	Kursräume	2,04
8	Sauna	3,27	8	Sauna	2,13
8	Ruheraum	3,27	9	Duschen	2,21
10	Kursräume	2,77	10	Weg zum Studio	2,27
11	Verlassen des Studios	2,75	11	Ruheraum	2,30
12	Weg zum Studio	2,67	12	Cardiobereich	2,66
13	Weg zur Umkleidekabine	2,13	13	Ankunft am Parkplatz	2,87

Quelle: Eigene Darstellung.

Weil das Investitionsvolumen von 7000 Euro auf diese Weise nicht optimal verteilt werden konnte, musste die Bedeutung mit der Zufriedenheit multiplikativ verknüpft werden, um somit nur eine Rangliste zu erhalten. Anschließend wurden aus den Ergebnissen der multiplikativen Verknüpfung Prozentwerte gebildet, mit deren Hilfe die optimale Verteilung des Investitionsvolumens realisiert werden konnte. Das Ergebnis dieser Verteilung ist in Tabelle 3 ersichtlich.

Tabelle 3:   **Verteilung des Investitionsvolumens**

Rang	Kontaktpunkt	Multiplikative Verknüpfung	In Prozent	Investitionsvolumen in Euro
1	Ankunft am Parkplatz	10,350	11,94	836,04
2	Duschen	9,780	11,28	789,95
3	Cardiobereich	9,303	10,73	751,41
4	Ruheraum	7,523	8,68	607,65
5	Sauna	6,978	8,05	563,62
6	Gerätefläche	6,554	7,56	529,39
7	Umkleidekabine	6,387	7,37	515,93
8	Weg zum Studio	6,056	6,99	489,13
9	Betreten des Studios	5,833	6,73	471,18
10	Kursräume	5,648	6,52	456,23
11	Betreuung am Check-In	5,406	6,24	436,68
12	Verlassen des Studios	4,010	4,63	323,94
13	Weg zur Umkleidekabine	2,833	3,27	228,86
	Summe:	86,66209619	100	7.000,00

Quelle: Eigene Darstellung.

Es zeigt sich, dass der höchste Anteil des Investitionsvolumens in die Ankunft am Parkplatz und der niedrigste Anteil in den Weg zur Umkleidekabine gesteckt werden sollte.

Um herauszufinden, warum die Mitglieder den Kontaktpunkten ihre positive oder negative Bedeutung zuteilten und warum sie mit einigen zufrieden und anderen unzufrieden waren, wurden sie gleichzeitig zu jedem einzelnen Kontaktpunkt gefragt, was sie dort als besonders positiv oder negativ empfanden. Mittels dieser Erhebung konnten 525 Ereignisse ermittelt werden, von denen 281 positiv und 244 negativ waren (siehe Anlage 2). Da sich diese Arbeit im weiteren Verlauf ausschließlich mit der Aufdeckung von Problemen beschäftigt, wurden die am häufigsten genannten positiven Ereignisse in der nachfolgenden Tabelle vernachlässigt und nur die am häufigsten genannten Probleme dargestellt.

Tabelle 4: **Kritische Probleme an den Kontaktpunkten**

Kontaktpunkt	Am häufigsten genannte Probleme
Ankunft am Parkplatz	Die Parkdauer ist zu kurz.
Weg zum Studio	Gegen die Alkoholiker vor dem Getränkemarkt muss etwas getan werden.
Betreten des Studios	Der Geruch beim Betreten des Studios ist nicht schön (Es riecht nach Essen etc.).
Betreuung am Check-In	Das Personal bekommt die richtige Schrankvergabe nicht hin.
Weg zur Umkleidekabine	Es befinden sich manchmal fremde Personen im Aufgang.
Umkleidekabine	Der Bereich vor den Duschen ist oft nass. Einige Schlüssel verkannten im Schloss der Umkleideschränke. In der Umkleidekabine riecht es öfter unangenehm.
Cardiobereich	Pulsmesser an einigen Geräten sind defekt. Sehr schlechte Luft im Cardiobereich.
Gerätefläche	Es fehlt ein Physiotherapeut auf der Trainingsfläche. Die Trainer quatschen viel mit Freunden.
Kursräume	Die Kurse sind nicht so gut besucht. Aus diesem Grund fallen viele Kurse aus.
Sauna	Die Temperatur in der Sauna ist meistens nicht angemessen.

Ruheraum	Die Zeitschriften im Ruheraum sind meist nicht aktuell oder gar nicht vorhanden. Die Lautstärke der Entspannungsmusik im Ruheraum ist nicht angemessen.
Duschen	Die Wasserstrahldauer beim Duschen ist zu kurz. Abfluss in den Duschen ist oft verstopft.
Verlassen des Studios	Unfreundliches Personal im Vormittagsbereich.

Quelle: Eigene Darstellung.

Wie man der Tabelle entnehmen kann, gaben viele Mitglieder an, beim Kontaktpunkt Parkplatz ein Problem mit der Parkdauer zu haben. Jedoch gibt die Tabelle noch keine Auskunft über die Dringlichkeit, mit der ein solches Problem der Aufmerksamkeit durch das Management bedarf. Aus diesem Grund wurden nach der Auswertung der ersten Befragung alle 48 Personen erneut darüber befragt, wie stark sie den am häufigsten genannten Problemfällen zustimmen. Zum Teil erfolgte dieses telefonisch, aber auch im persönlichen Gespräch in der Anlage. Tabelle 5 zeigt die genaue Aufschlüsslung für die Befragungszeiten.

Tabelle 5:   Informationen zur zweiten Befragung

Datum	Wochentag	Interviewer	Uhrzeit
23.03.2011	Mittwoch	Robert Franz	09:00 - 13:00
24.03.2011	Donnerstag	Robert Franz	10:00 - 14:00
25.03.2011	Freitag	Robert Franz	10:00 - 16:00

Quelle: Eigene Darstellung.

Nachdem die Kunden zu den Problemen befragt wurden, konnte mit Hilfe des Lindqvist-Index die in Tabelle 6 ersichtliche Rangliste für die Dringlichkeit der Beseitigung der Probleme erstellt werden. Die vollständige Auswertung der Befragung befindet sich in Anlage 3 und wird wegen ihrer Komplexität hier nicht aufgeführt.

Tabelle 6:   **Rangliste der Einzelprobleme nach dem Lindqvist-Index**

Rang	Einzelproblem	Lindqvist-Index
1	Wasserstrahldauer beim Duschen ist zu kurz.	8,104
2	Gegen die Alkoholiker vor dem Getränkemarkt muss etwas getan werden.	7,750
3	Die Parkdauer ist zu kurz.	7,354
4	Pulsmesser an einigen Geräten defekt.	6,604
5	Sehr schlechte Luft im Cardiobereich.	6,521
6	In der Umkleidekabine riecht es öfter unangenehm.	5,979
7	Der Bereich vor den Duschen ist oft nass.	5,604
8	Der Abfluss in Duschen ist oft verstopft.	5,500
9	Das Studio bekommt die richtige Schrankvergabe nicht hin.	5,458
10	Zeitschriften in der Sauna sind meistens nicht aktuell oder gar nicht vorhanden.	5,375
11	Einige Schlüssel verkannten im Schloss der Umkleideschränke.	5,229
12	Der Geruch beim Betreten des Studios ist nicht schön. (Es riecht nach Essen etc.)	4,875
13	Es fehlt ein Physiotherapeut auf der Trainingsfläche.	4,708
14	Temperatur in der Sauna ist meistens nicht angemessen.	4,333
15	Die Lautstärke der Musik im Ruheraum ist nicht angemessen.	4,250
16	Trainer quatschen viel mit Freunden.	3,875
17	Die Kurse sind nicht so gut besucht. Aus diesem Grund fallen viele Kurse aus.	3,625

| 18 | Es befinden sich manchmal fremde Personen im Aufgang. | 2,875 |
| 19 | Unfreundliches Personal im Vormittagsbereich. | 2,813 |

Quelle: Eigene Darstellung.

Nach Aussage der Kunden ist demnach eine Verlängerung der Wasserstrahldauer beim Duschen besonders wichtig, wobei die Problembeseitigung des unfreundlichen Personals im Vormittagsbereich weniger Zustimmung findet.

Der Geschäftsleitung steht nach diesen zwei Umfragen jetzt eine genaue Aufschlüsselung des Investitionsvolumens für jeden einzelnen Kontaktpunkt und den dazugehörigen Problemen zur Verfügung. Nach dieser aufwendigen Arbeit stellt sich nun die Frage, wie die Fitnessanlage schneller an die Problemermittlung gelangen könnte. Wie könnten die Mitglieder dazu gebracht werden, solche Probleme von alleine zu artikulieren?

8. Beschwerdeartikulation in der Fitnessanlage

Um der Fitnessanlage mögliche neue Beschwerdewege für die Mitglieder aufzuzeigen, war es zunächst einmal wichtig zu erfahren, welche Beschwerdewege überhaupt existieren. Für diese Ist-Analyse wurden die Studioleitung und das Personal befragt. Das Ergebnis bestätigt die zusätzlich eigens durchgeführte Beobachtung. Tatsächlich hatte sich mit einer Vereinfachung der Beschwerdeartikulation für die Kunden noch niemand auseinandergesetzt. Es bleibt den Kunden noch immer selbst überlassen, ob sie ihr Problem artikulieren oder nicht. Welche Folgen das haben kann, wurde in Abschnitt 3.1. bereits ausführlich beschrieben und sollte deshalb schnellstmöglich geändert werden. Aus diesem Grund wurden unter Berücksichtigung wissenschaftlicher Theorien in Zusammenarbeit mit der Studioleitung nachfolgende Möglichkeiten der Beschwerdeartikulation für die Anlage erörtert:

Weil sich Kunden, wie in Abschnitt 6.3.3. bereits beschrieben, häufig mit der Artikulation von Beschwerden aus eigenen Stücken sehr schwer tun, ist es notwendig, dass sie auf ihre Unzufriedenheit angesprochen werden. Dies sollte zum einen mittels mündlicher Fragestellungen auf der Trainingsfläche durch den Trainer geschehen. So könnte dieser im Gespräch mit dem Kunden folgende Frage stellen: „Gibt es von Ihrer Seite aus etwas, was wir in unserem Studio besser machen könnten?" Möglich wäre auch die Frage: „Wenn Sie hier Studioleiter wären, was würden Sie anders machen?" Tatsächlich gibt es eine Vielzahl von Fragemöglichkeiten, die jedoch in der Antwort durch den Kunden immer eine Problembekanntmachung preisgeben sollte. Der Trainer sollte mit einer derartigen Frage nicht das Gespräch beginnen. Er sollte die Frage in das Gespräch einbauen und somit ein partnerschaftliches Rollenverständnis praktizieren.

Leider können auf diese Art und Weise nicht alle Mitglieder erreicht werden, weil viele, wie im erstellten Blueprint ersichtlich, nur die Sauna oder die Kurse besuchen und eine Konfrontation mit der Trainingsfläche meiden. Aus diesem Grund bietet es sich an, den Kunden beim Verlassen des Studios mit der Frage „Waren Sie mit unser Leistung zufrieden?" zu verabschieden. Des Weiteren könnte unmittelbar im Sichtbereich des Check-Out die Aussage „Wenn Sie mit uns zufrieden sind, sagen Sie es bitte Ihren Freunden. Wenn Sie mit uns unzufrieden sind, sagen Sie es bitte uns!" stehen. Diese signalisiert dem Kunden, dass seine kritischen Kundenäußerungen erwünscht sind und dafür organisatorische Einheiten als Empfänger definiert sind.[95] Die durch diese Maßnahmen eingehenden Beschwerden sollten nun wie folgt ausgewertet werden. Wenn einen Mitarbeiter eine Beschwerde erreicht, muss dieser noch während des Gespräches mit dem Kunden das in Abbildung 17 dargestellte Beschwerdeerfassungsformular ausfüllen. Damit wird sichergestellt, dass die Beschwerde schnell und vollständig aufgenommen und ohne Schwierigkeiten an die dafür vorgesehene Stelle weitergeleitet werden kann.[96]

---

[95] Vgl. Stauss B./Seidel, W. (2007): Beschwerdemanagement, S. 116f.
[96] Vgl. Stauss B./Seidel, W. (2007): Beschwerdemanagement, S. 174.

Abbildung 17:   Beschwerdeerfassungsformular

Beschwerdeannahme

Entgegennehmende(r) _____   Eingangsdatum _____

Beschwerdeweg

☐ Persönlich   ☐ Telefonisch   ☐ Brief   ☐ _____

Adressat der Beschwerde

☐ Geschäftsleitung   ☐ Trainer   ☐ Service   ☐ _____

Beschwerdeführer

Stammdaten   **Interner/ Externer Kunde**

Anrede   ☐ Interner Kunde   ☐ Externer Kunde

Vorname _____   **Betroffener**

Name _____   ☐ Beschwerdeführer selbst

Straße _____   ☐ Verwandter/ Freund des Beschwerdeführers

PLZ/ Ort _____   **Verärgerung**

                                             ☐   ☐   ☐   ☐   ☐
                                             gering   groß

Beschwerdeproblem

Art des Problems   Fallschilderung
_____   _____
Ort des Problems   _____
_____   _____
Zeitpunkt des Problemauftritts   _____
_____

Erst-/ Folgebeschwerde   Reaktionsdringlichkeit

☐ Erstbeschwerde   ☐ Folgebeschwerde   ☐ Dringlichkeitsstufe 1

Vom Kunden gewünschte Fall-Lösung   ☐ Dringlichkeitsstufe 2
_____   ☐ Dringlichkeitsstufe 3
_____
_____

Beschwerdelösung

Tatsächlich realisierte Problemlösung
_____
_____

Dem Kunden gegenüber gemachte Zusagen
_____
_____

Terminzusagen

☐ Sofort gelöst   ☐ Zwischenbescheid bis zum _____

☐ Problemlösung/ Wiedergutmachung bis zum _____

Quelle: Eigene Darstellung in Anlehnung an: Stauss B./Seidel, W. (2007): Be-
          schwerdemanagement, S. 175.

Neben diesen mündlichen Beschwerden kommt eine regelmäßige schriftliche Kundenbefragung in Form einer Meinungskarte, die an die Kunden gesandt wird, in Betracht. Hierbei handelt es sich um vorgedruckte Antwortkarten, auf denen die Kunden schildern können, mit welchem Teil der Dienstleistung sie unzufrieden sind. Abbildung 18 zeigt den Prototypen.

Abbildung 18:   Meinungskarte der Fitnessanlage

Mit ihrer Kritik helfen Sie uns, Verbesserungsmöglichkeiten zu erkennen und Fehler zu vermeiden! Vielen Dank dafür!

Wie lange Trainieren Sie schon bei uns?

Kreuzen Sie bitte an, was Ihnen nicht gefällt:

- Öffnungszeiten
- Service Personal
- Trainingsbetreuung
- Trainingsfläche
- Cardiobereich
- Kurstrainer
- Kursbereich
- Sauna
- Ruheraum
- Duschen
- Preis-Leistungsverhältnis
- Freundlichkeit
- Sauberkeit
- Ich bin rundum zufrieden

Was gefällt Ihnen an den angekreuzten Punkten nicht?

Was können wir tun damit Sie wieder Zufrieden mit uns sind?

Persönliche Angaben

Diese Angaben sind freiwillig. Allerdings können wir nur dann Antworten, wenn Sie uns auch Ihre Adresse nennen.

Name

Vorname

Straße

PLZ/Ort

Telefonnummer

Dürfen wir Sie zu den von Ihnen angesprochenen Punkten auch anrufen?

Ja, und zwar am besten zwischen ____ Uhr und ____ Uhr

Und zwar nicht unter der oben genannten Telefonnummer sondern unter

Nein

Datum

Quelle: Eigene Darstellung in Anlehnung an: Stauss B./Seidel, W. (2007): Beschwerdemanagement, S. 119.

Hier wird der Kunde aufgefordert, seine Unzufriedenheit anhand vorgegebener Kategorien zu klassifizieren sowie seine Beschwerde kurz zu beschreiben. Zugleich wird er gebeten, mitzuteilen, was die Fitnessanlage tun müsste, um seine Zufriedenheit wieder herzustellen. Diese Form der Meinungskarte stellt sicher, dass bei der Kontaktaufnahme mit dem Beschwerdeführer direkt auf die Kundenerwartung reagiert werden kann. Die Erfassung und Beschwerdeauswertung gestaltet sich trotz des freien Textfeldes aufgrund der Kategorisierung der einzelnen Bereiche schnell und unkompliziert.[97] Selbst wenn die Kunden diesen Beschwerdeweg nicht nutzen, signalisiert er ihnen, dass Beschwerden ernst genommen werden. Es verringert sich somit auch die mündliche Beschwerdebarriere des Kunden.

Im letzten Schritt soll den Kunden eine Beschwerdemöglichkeit auf der Homepage zur Verfügung stehen. Diese wird nach Aussagen der Geschäftsleitung ab November 2011 ein völlig neues Design bekommen. In einem intensiven Gespräch mit dem Geschäftsführer war es möglich, ihn von einem Link, in dem Kunden ihre positiven und negativen Erlebnisse schildern können, zu überzeugen. Der Aufbau dieses Links ist wie folgt vorgesehen: Auf der Startseite der Homepage wird ein Link mit der Bezeichnung „Ihre Meinung ist uns wichtig" installiert. Beim Klick auf diesen, erscheint eine Seite, in der der Kunde seine Erlebnisse mit dem Studio schildern kann. Diese Daten werden vom System gespeichert und stehen dem Studio somit schnell und einfach zur Auswertung zur Verfügung.

---

[97]   Vgl. Stauss B./Seidel, W. (2007): Beschwerdemanagement, S. 118.

9. Analyse des Abwanderungsprozess der Fitnessanlage

Der letzte Teil dieser Arbeit wird sich mit dem Abwanderungsprozess im Zeitraum vom 01.11.2010 bis 31.03.2011 von 28 ehemaligen Mitgliedern beschäftigen. Hierbei wurde mittels der Switching-Path-Analyse versucht, den gesamten Abwanderungsprozess mit Hilfe des in Abschnitt 6.2.5. vorgestellten Fragenkataloges darzustellen. Für das Management ist diese Analyse von großer Bedeutung, da es sich daraus Informationen zur Planung und Rückgewinnung der Kunden erhofft.

Außerdem sollen, wie schon bei der Critical-Incident-Technique, Probleme und positive Ereignisse aus Kundensicht aufgedeckt werden. Diese dienen in der Zukunft dazu, die Stärken auszubauen und die Schwächen zu eliminieren.

Zu Beginn der Analyse wurden aus dem Kündigungsordner sämtliche Telefonnummern ausfindig gemacht, um anschließend alle ehemaligen Mitglieder in einem telefonischen Interview zu den einzelnen Fragekomplexen zu befragen (Die Aufschlüsselung über die Befragungszeiten sind in Tabelle 7 ersichtlich).

Tabelle 7:   **Informationen zur telefonischen Befragung**

Datum	Wochentag	Interviewer	Uhrzeit
04.04.2011	Mittwoch	Robert Franz	17:00 - 20:00
05.04.2011	Donnerstag	Robert Franz	18:00 - 20:00
06.04.2011	Freitag	Robert Franz	17:00 - 20:00

Quelle: Eigene Darstellung.

Von den 28 Personen konnten 24 Personen erreicht und interviewt werden. Das vollständige Ergebnis dieser Befragung befindet sich in Anlage 4. Bei der Frage nach dem Kündigungsgrund gaben acht Personen einen Wohnortwechsel an. Für sechs Personen ist eine Mitgliedschaft finanziell nicht tragbar und jeweils fünf Personen sind mit der

Leistung unzufrieden oder schafften es zeitlich nur selten, die Fitness-anlage zu nutzen. Zwei von den fünf Personen, die mit der Leistung unzufrieden waren, kündigten ihre Mitgliedschaft, weil sie mit dem 14-tägigen Buchungssystem nicht zu recht kamen. So bestätigten diese beiden Personen im Interview, dass sie bei monatlichen Abbuchungen immer noch Mitglieder wären. Außerdem ist besonders zu erwähnen, dass sich für drei ehemalige Mitglieder die Unzufriedenheit daraus ergab, dass die Betreuung nach einer gewissen Zeit nachließ und sie dann ziemlich auf sich alleine gestellt waren und dadurch ihre Ziele nicht mehr erreichen konnten oder die Motivation verloren hatten. Bei der Frage, wie die 24 Personen die Beziehung vor der Kündigung einschätzten, hatten 20 Personen die Meinungen „gut" bis „sehr gut" und nur vier Personen urteilten mit „schlecht". Wobei die vier Personen schon diejenigen waren, welche in der ersten Frage ihre Unzufriedenheit preisgaben. Interessant war auch die Frage, wie das Studio auf die Kündigung reagiert hat. So gaben 18 Befragte an, keine Probleme mit der Kündigung gehabt zu haben und dass man ihnen freundlich begegnete. Bei den anderen sechs Personen bestand die Studioleitung auf den Vertragslaufzeiten. Des Weiteren trainieren sieben von den 24 Befragten jetzt in anderen Studios, wobei die Vorteile dieser Anlagen in der Größe, der Gerätebeschaffenheit, der Kursvielfalt, dem Preis und den Öffnungszeiten gesehen wurden. Positiv wurde die gute Stimmung des Personals, die Sauberkeit und die Trainerbetreuung bewertet.

10. Zusammenfassung

Die Kapitel zwei bis fünf haben gezeigt, wie wichtig es für ein Unternehmen ist, die Kunden zufrieden zu stellen. Damit dieses Ziel erreicht werden kann, war es notwendig, die Probleme zu evaluieren, welche aus Sicht der Kunden existieren. Dieses Vorhaben konnte nicht mittels einer einzigen Methode erfolgen. Ein stufenweiser Einsatz eines Methoden-Mix (Kundenkontaktpunktanalyse) war notwendig. Mit Anwendung dieses Analyseverfahrens wurden die derzeitigen bestehenden Probleme erfasst und damit die Voraussetzungen für eine Qualitätsstrategieentwicklung und -implementierung geschaffen.[98]

Der Fitnessanlage steht mit dieser Arbeit eine Rangliste der zu beseitigenden Probleme an den jeweiligen Kontaktpunkten, welche aus der Sicht des Kunden existieren zur Verfügung. Zudem existiert jetzt eine Berechnung über die Verteilung des Investitionsvolumens auf die jeweiligen Kontaktpunkte. Somit hat die Geschäftsleitung jetzt die Möglichkeit Maßnahmen einzuleiten, um diese Probleme mit den finanziellen Mitteln und geordnet nach ihrer Wichtigkeit zu beseitigen.

Anschließend sollte mit der Beschwerdeanalyse begonnen werden, Probleme schon kurz nach dem Problemauftritt zu erfassen. Die Umsetzungsempfehlung mit einer Beschwerdeanalyse wird weitaus weniger Kosten verursachen als die nachträgliche Erhebung mittels einer qualitativen Kontaktpunkt-Erlebnismessung. Das Management wie auch die Mitarbeiter der Fitnessanlage sollten sich die hier beschriebenen Folgen einer Vernachlässigung der Kundenzufriedenheit durch eine alleinige Fokussierung auf die Neukundengewinnung immer vor Augen halten.

---

[98] Vgl. Stauss B. (2000): Augenblicke der Wahrheit in der Dienstleistungserstellung – Ihre Relevanz und ihre Messung mit Hilfe der Kontaktpunkt-Analyse, in: Bruhn, M./Stauss, B. (Hrsg.): Dienstleistungsqualität, S. 336f.

Folgt die Geschäftsführung den hier beschriebenen Vorschlägen, wird sie die Möglichkeit haben, sich im Wettbewerb gegen andere Studios besonders im Bereich Service durchsetzen zu können. Zudem werden weniger Mitglieder abwandern und somit ihre Zufriedenheit auch Freunden, Verwandten und Bekannten mitteilen.

Literaturverzeichnis

Albrecht, K./**Zemke**, R. (1987): Service-Strategien, Hamburg.

Bieberstein, I. (2001): Dienstleistungsmarketing, 3. Auflage, Ludwigshafen.

Bruhn, M. (2003): Qualitätsmanagement für Dienstleistungen: Grundlagen - Konzepte - Methoden, 4. Auflage, Berlin/Heidelberg/New York/Hongkong/London/Mailand/Paris/Tokio.

Bruhn, M. (2011): Zufriedenheits- und Kundenbindungsmanagement, in: Hippner, H./Hubrich, B./Wilde, K. D. (Hrsg.): Grundlagen des CRM – Strategie, Geschäftsprozesse und IT-Unterstützung, 3. Auflage, Wiesbaden, S. 409–441.

Bruhn, M. (2008): Qualitätsmanagement für Dienstleistungen: Grundlagen - Konzepte - Methoden, 7. Auflage, Berlin/Heidelberg/New York/Hongkong/London/Mailand/Paris/Tokio.

Bruhn, M./**Homburg**, C. (Hrsg.) (2004): Gabler Lexikon Marketing, 2. Auflage, Wiesbaden.

Bruhn, M./**Meffert**, H. (2002): Wettbewerbsüberlegenheit durch exzellentes Dienstleistungsmarketing, in: Exzellenz im Dienstleistungsmarketing – Fallstudien zur Kundenorientierung, Wiesbaden, S. 1 – 21.

Bruhn, M./**Murmann**, B. (1998): Nationale Kundenbarometer: Messung von Qualität und Zufriedenheit; Methodenvergleich und Entwurf eines Schweizer Kundenbarometers, Wiesbaden.

Corsten, H. (1988): Dienstleistungen in produktionstheoretischer Interpretation, in: Wirtschaftswissenschaftliches Studium, 17. Jg., S. 81–87.

Diller, H. (1996): Kundenbindung als Marketingziel, in: Marketing ZFP, Nr. 2, S. 81–94.

Diller, H. (2001): Vahlens Großes Marketinglexikon, 2. Auflage, München.

Gardini, M. A. (2004): Marketingmanagement in der Hotellerie, München.

Gerpott, T. (2000): Kundenbindung: Konzepteinordnung und Bestandaufnahme der neueren empirischen Forschung, in: Die Unternehmung, 54. Jg., Nr. 1, S. 23–42.

Hentschel, B. (1991): Beziehungsmarketing, in: WISU, Nr. 1, S. 25–28.

Hentschel, B. (2000): Multiattributive Messung von Dienstleistungsqualität, in: Bruhn, M./Stauss, B. (Hrsg.): Dienstleistungsqualität: Konzepte - Methoden - Erfahrungen, 3. Auflage, Wiesbaden, S. 290–320.

Herrmann, A./**Johnson**, M. D. (1999): Die Kundenzufriedenheit als Bestimmungs-faktor der Kundenbindung, in: Zeitschrift für Betriebswirtschaftliche Forschung, Nr. 6, S. 579–598.

Hill, D. J. (1986): Satisfaction and Consumer Services, in Advances in Consumer Research, Vol. 16, S. 311–315.

Hippner, H./**Rentzmann**, R./**Wilde**, K. D. (2006): CRM aus Kundensicht – Eine empirische Untersuchung, in: Hippner, H./Wilde, K. D. (Hrsg.): Grundlagen des CRM – Konzepte und Gestaltung, 2. Auflage, Wiesbaden, S. 195–224.

Homburg, C./**Becker**, A./**Hentschel**, F. (2010): Der Zusammenhang zwischen Kundenzufriedenheit und Kundenbindung, in: Bruhn, M./Homburg, C. (Hrsg.): Handbuch Kundenbindungsmanagement, 7. Auflage, Wiesbaden, S. 111–144.

Homburg, C./**Bruhn**, M. (2010): Kundenbindungsmanagement - Eine Einführung in die theoretischen und praktischen Problemstellungen, in: Bruhn, M./Homburg, C. (Hrsg.): Handbuch Kundenbindungsmanagement, 7. Auflage, Wiesbaden, S. 3–40.

Homburg, C./**Giering**, A./**Hentschel**, F. (1999): Der Zusammenhang zwischen Kundenzufriedenheit und Kundenbindung, in: Die Betriebswirtschaft, Nr. 2, S. 173–195.

Hüttner, M. (2002): Grundzüge der Marktforschung, 7. Auflage, München/Wien.

Kotler, P./**Armstrong**, G./**Wong**, V./**Saunders**, J. (2011): Grundlagen des Marketing, 5. Auflage, München.

Meffert, H./**Bruhn**, M. (2002): Exzellenz im Dienstleistungsmarketing – Fallstudien zur Kundenorientierung, Wiesbaden.

Meffert, H./**Bruhn**, M. (2006): Dienstleistungsmarketing: Grundlagen - Konzepte - Methoden, 5. Auflage, Wiesbaden.

Meffert, H./**Bruhn**, M. (2009): Dienstleistungsmarketing: Grundlagen - Konzepte - Methoden, 6. Auflage, Wiesbaden.

Meyer, A./**Mattmüller**, R. (1987): Qualität von Dienstleistungen - Entwurf eines praxisorientierten Qualitätsmodells, in: Marketing ZFP, 9. Jg., Nr. 3, S. 187–195.

Murphy, J. A. (1994): Dienstleistungsqualität in der Praxis, München.

Parasuraman, A./**Zeithaml**, V. A./**Berry**, L. (1985): A Conceptual Model of Service Quality and its Implication for future Research, in: Journal of Marketing, Vol. 49, No. 1, S. 41–50.

Pepels, W. (2008): Qualitäts- und Zufriedenheitsmessung als CRM-Basis, in Helmke, S./Uebel, M. F./Dangelmaier, W. (Hrsg.): Effektives Customer Relationship Management: Instrumente – Einführungskonzepte - Organisation, 4. Auflage, Wiesbaden, S. 25–56.

Pepels, W. (2008): Grundzüge des Beschwerdemanagement, in Helmke, S./Uebel, M. F./Dangelmaier, W. (Hrsg.): Effektives Customer Relationship Management: Instrumente – Einführungskonzepte - Organisation, 4. Auflage, Wiesbaden, S. 103–117.

Peter, S. I. (1999): Kundenbindung als Marketingziel – Identifikation und Analyse zentraler Determinanten, 2. Auflage, Wiesbaden.

Reichheld, F. F./**Sasser**, W. E. (1990): Zero Defections: Quality Comes to Services, in: Harvard Business Review, Vol. 68, No. 4, S. 105–110.

Schaller, C./**Stotko**, C. M./**Piller**, F. T. (2006): Mit Mass Customization basiertem CRM zu loyalen Kundenbeziehungen, in: Hippner, H./Wilde, K. D. (Hrsg.): Grundlagen des CRM – Konzepte und Gestaltung, 2. Auflage, Wiesbaden, S. 21–144.

Schüler, A. (1976): Dienstleistungsmärkte in der Bundesrepublik Deutschland, Köln/Opladen.

Siefke, A. (1997): Zufriedenheit mit Dienstleistungen - Ein phasenorientierter Ansatz zur Operationalisierung und Erklärung im Verkehrsbereich auf empirischer Basis, Frankfurt am Main u. a.

Stauss, B. (1999): Kundenzufriedenheit, in: Marketing ZFP, Heft 1, 1. Quartal, S. 5-24.

Stauss, B. (2000): Augenblicke der Wahrheit in der Dienstleistungserstellung – Ihre Relevanz und ihre Messung mit Hilfe der Kontaktpunkt-Analyse, in: Bruhn, M./Stauss, B. (Hrsg.): Dienstleistungsqualität: Konzepte - Methoden - Erfahrungen, 3. Auflage, Wiesbaden, S. 321–340.

Stauss, B. (2000): Perspektivenwandel: Vom Produkt-Lebenszyklus zum Kundenbeziehungs-Lebenszyklus, in: Thexis, Nr. 2, S. 15–18.

Stauss, B. (2006): Grundlagen und Phasen der Kundenbeziehung: Der Kundenbeziehungslebenszyklus, in: Hippner, H./Wilde, K. D. (Hrsg.): Grundlagen des CRM – Konzepte und Gestaltung, 2. Auflage, Wiesbaden, S. 421–442.

Stauss, B. (2011): Der Kundenbeziehungs-Lebenszyklus, in: Hippner, H./Hubrich, B./Wilde, K. D. (Hrsg.): Grundlagen des CRM – Strategie, Geschäftsprozesse und IT-Unterstützung, 3. Auflage, Wiesbaden, S. 319–342.

Stauss, B./**Hentschel**, B. (1990): Verfahren der Problementdeckung und -analyse im Qualitätsmanagement von Dienstleistungen, in: Jahrbuch der Absatz- und Verbrauchsforschung, 36. Jg., Nr. 3, S. 232–259.

Stauss, B./**Seidel**, W. (2002): Beschwerdemanagement – Kundenbeziehungen erfolgreich managen durch Customer Care, 3. Auflage, München.

Stauss, B./**Seidel**, W. (2007): Beschwerdemanagement – Unzufriedene Kunden als profitable Zielgruppe, 4. Auflage, München.

Terlutter, R. (2006): Verhaltenswissenschaftliche Beiträge zur Gestaltung von Kundenbeziehungen, in: Hippner, H./Wilde, K. D. (Hrsg.): Grundlagen des CRM – Konzepte und Gestaltung, 2. Auflage, Wiesbaden, S. 269–290.

Tscheulin, D. K./**Helmig**, B. (2004): Gabler Lexikon Marktforschung, Wiesbaden.

Vergnaud, M. (2002): Beschwerdemanagement – Leistungssteigerung durch Kundenkritik, München/Jena.

Würtenberger, A./Würtenberger, R. (2008): Angst vor der Kundenmeinung?, in: Fitness Management International, Nr. 3, S. 50–52.

Zeithaml, V. A./**Berry**, L. L./**Parasuraman**, A. (1988): Comunication and Control Processes in the Delivery of Service Quality, in: Journal of Marketing, Vol. 52, No. 4, S. 35–48.

Zeithaml, V. A./**Parasuraman**, A./**Berry**, L. L. (1992): Qualitätsservice - Was Ihre Kunden erwarten - was Sie leisten müssen, Frankfurt am Main.

Anlagen

Anlage 1: Umfrageergebnisse mittels der sequenziellen Ereignismethode

Skalierung		Bedeutend			Unbedeutend	
		5	4	3	2	1

Nicht Beurteilbar	Zufrieden			Unzufrieden	
0	1	2	3	4	5

Kontaktpunkt		Mitglied	1	2	3	4	5	6	7	8	9	10	11
1	Ankunft am Parkplatz	Bedeutung	5	5	1	5	3	4	1	5	4	4	5
		Zufriedenheit	4	3	0	3	1	3	0	2	4	4	1
2	Weg zum Studio	Bedeutung	2	3	1	3	2	3	3	3	2	4	3
		Zufriedenheit	2	1	1	3	4	3	2	1	2	4	3
3	Betreten des Studios	Bedeutung	3	2	3	5	2	3	4	5	2	3	4
		Zufriedenheit	1	3	1	1	2	1	1	1	2	2	1
4	Betreuung am Check-In	Bedeutung	4	4	5	3	3	4	4	4	5	2	3
		Zufriedenheit	2	1	1	1	2	2	1	1	1	2	1
5	Weg zur Umkleidekabine	Bedeutung	1	2	1	1	4	1	3	3	1	2	1
		Zufriedenheit	1	1	1	1	2	1	1	1	1	2	1
6	Umkleidekabine	Bedeutung	4	4	3	2	5	3	5	1	3	4	3
		Zufriedenheit	1	2	1	1	1	1	3	0	2	3	1
7	Cardiobereich	Bedeutung	4	4	5	2	1	3	1	5	5	5	5
		Zufriedenheit	3	3	2	2	0	2	0	2	3	3	3
8	Gerätefläche	Bedeutung	5	5	5	5	1	5	1	5	5	5	5
		Zufriedenheit	1	2	1	2	0	2	0	1	1	2	1
9	Kursräume	Bedeutung	1	4	4	1	1	1	5	1	5	5	5
		Zufriedenheit	0	1	1	0	0	0	2	0	1	4	3
10	Sauna	Bedeutung	1	5	2	1	5	3	1	1	5	5	5
		Zufriedenheit	0	2	1	0	2	2	0	0	2	3	1
11	Ruheraum	Bedeutung	1	5	2	1	5	3	1	1	5	5	5
		Zufriedenheit	0	2	1	0	3	2	0	0	3	2	1
12	Duschen	Bedeutung	5	5	5	5	5	5	5	1	5	5	5
		Zufriedenheit	3	3	3	2	2	1	2	0	2	2	1
13	Verlassen des Studios	Bedeutung	2	4	3	1	4	1	4	1	4	2	3
		Zufriedenheit	1	2	1	1	1	1	2	1	2	1	1

	12	13	14	15	16	17	18	19	20	21	22	23	24	25	26	27	28	29	30	31	32
1	4	5	3	1	4	5	4	5	3	3	3	1	4	5	5	4	1	5	5	1	4
	3	3	4	0	4	3	4	2	2	3	3	0	4	2	3	3	0	3	3	0	2
2	2	3	2	2	2	3	4	4	3	2	2	3	3	5	2	2	1	1	4	3	4
	3	2	1	2	1	1	2	3	3	2	2	2	2	3	1	2	1	1	3	2	4
3	3	2	3	3	2	4	5	4	2	4	3	2	2	4	3	3	4	4	2	4	3
	3	1	1	1	3	2	2	1	3	3	1	1	2	2	1	2	1	2	3	2	1
4	5	4	1	3	4	3	5	3	4	5	4	4	2	5	3	2	4	3	4	2	4
	3	1	1	1	1	2	1	1	1	3	2	1	2	1	1	1	1	2	1	2	1
5	4	1	1	2	2	4	1	2	2	4	1	3	2	3	1	1	3	4	2	2	3
	2	1	1	2	1	2	1	2	1	2	1	1	2	1	1	2	1	2	1	2	1
6	5	2	1	2	4	5	3	2	4	5	4	1	4	3	2	5	1	5	4	4	5
	3	2	1	1	2	1	2	2	2	3	1	0	3	2	1	1	0	1	2	3	3
7	1	4	1	3	4	1	4	3	4	1	4	5	5	5	2	3	5	1	4	5	2
	0	2	0	2	3	0	3	2	3	0	3	3	3	3	2	2	2	0	3	3	2
8	1	1	5	5	5	1	5	5	5	1	5	5	5	5	5	3	5	1	5	5	1
	0	0	1	1	2	0	1	1	3	0	1	1	3	2	2	2	1	0	3	2	0
9	1	1	1	2	4	1	5	2	4	1	1	1	5	5	1	5	1	1	4	5	5
	0	0	0	1	1	0	1	1	1	0	0	0	4	1	0	3	0	0	1	4	2
10	5	5	1	1	5	5	5	1	5	5	1	1	5	5	1	2	1	5	5	5	1
	3	1	0	0	2	2	2	0	3	3	0	0	3	2	0	2	0	2	2	3	0
11	5	5	1	1	5	5	5	1	5	5	1	1	5	5	1	2	1	5	5	5	1
	3	2	0	0	2	3	3	0	2	3	0	0	2	3	0	3	0	3	2	2	0
12	5	5	5	4	5	5	5	4	5	5	5	1	5	5	5	4	1	5	5	5	5
	2	2	2	2	3	2	2	2	3	2	3	0	2	3	2	1	0	2	3	2	2
13	3	3	1	4	4	4	4	4	4	3	2	1	2	2	1	1	1	4	4	2	4
	2	2	1	2	2	1	2	2	2	2	1	1	1	2	1	2	1	1	2	1	2

	33	34	35	36	37	38	39	40	41	42	43	44	45	46	47	48	Mittelwert (um die 0 bereinigt)
1	4	3	4	1	5	1	3	5	4	4	4	5	1	3	4	5	3,50
	4	1	4	0	2	0	2	3	1	3	3	3	0	3	4	3	2,87
2	2	3	4	2	1	3	2	4	2	1	2	3	4	4	3	2	2,64
	1	3	2	2	1	3	2	3	2	1	2	3	4	5	3	3	2,27
3	2	2	4	5	4	3	2	4	4	5	4	5	2	5	4	3	3,32
	3	1	1	1	1	2	2	2	3	3	1	1	3	2	2	2	1,75
4	4	4	4	3	4	3	5	2	4	5	4	4	4	2	4	2	3,62
	2	1	1	1	2	2	1	2	1	3	2	1	1	2	3	2	1,50
5	2	3	1	2	1	4	1	2	2	4	1	3	2	1	3	2	2,24
	1	1	1	2	1	2	1	2	1	2	1	1	1	1	1	2	1,33
6	4	5	1	2	4	5	3	4	4	5	4	1	4	4	1	4	3,50
	2	3	0	1	1	1	2	3	2	3	1	0	2	3	0	3	1,88
7	4	1	5	3	4	1	5	5	4	1	4	5	4	5	5	5	3,64
	3	0	2	2	3	0	4	3	3	0	3	3	3	3	2	3	2,66
8	5	1	5	5	5	1	5	5	5	1	5	5	5	5	5	5	4,20
	2	0	2	1	1	0	1	2	3	0	1	1	2	2	1	2	1,62
9	4	5	1	2	1	1	5	5	4	1	1	1	4	3	1	5	3,02
	2	2	0	2	0	0	1	4	1	0	0	0	1	4	0	4	2,04
10	5	1	1	1	1	5	5	5	5	5	2	1	5	5	1	5	3,54
	2	0	0	0	0	2	2	3	2	3	1	0	2	1	0	3	2,13
11	5	1	1	1	1	5	5	5	5	5	2	1	5	5	1	5	3,58
	2	0	0	0	0	3	3	2	2	3	2	0	2	1	0	2	2,30
12	5	5	1	4	5	5	5	5	5	5	5	1	5	5	1	5	4,72
	3	2	0	2	3	2	2	2	3	2	3	0	2	2	0	2	2,21
13	4	4	2	3	2	4	4	2	4	3	2	2	4	2	1	2	3,16
	2	2	1	2	1	1	2	1	2	2	1	1	2	1	1	1	1,46

Anlage 2: Ergebnisse der Umfrage nach besonders positiven und negativen Ereignissen

Mitglied / Kontaktpunkt	1	2	3
1 Ankunft am Parkplatz	Leider darf man nur 1,5 h umsonst Parken	Lange Suche nach Parkplatz ab 16 Uhr	Noch nie genutzt
2 Weg zum Studio	Der Eingang war beim ersten mal schwer zu finden	Vor dem Studio laufen komische Menschen rum	Keine fünf Minuten vergehen und man ist im Studio
3 Betreten des Studios	Super Empfang	Ab 17 Uhr ist es sehr voll	Freundliche Atmosphäre
4 Betreuung am Check-In	Nettes Personal	Immer die gleichen Sprüche	Freundliches Personal
5 Weg zur Umkleidekabine	Schöne Dekoration	Sehr sauber	Schöne Dekoration
6 Umkleidekabine	Sehr sauber überall	Gute Schrankanordnung	Schön Übersichtlich
7 Cardiobereich	Pulsmesser immer defekt	Die Ellipsen sind oft besetzt	Beim Cardiokino fehlt DSF
8 Gerätefläche	Super Geräte	Immer Trainer auf der Trainingsfläche	Trainer passen auf das richtig Trainiert wird
9 Kursräume	Noch nie genutzt	Sehr gute Kursgestaltung	Top Kurstrainer
10 Sauna	Noch nie genutzt	Bisschen zu klein	Positiv, zwischen 13:00 und 16:00 Uhr ist man fast alleine
11 Ruheraum	Noch nie genutzt	Die Zeitungen haben gefehlt	Der Ruheraum ist super
12 Duschen	Nach dem drücken gehen sie schnell wieder aus	Es dauert sehr lange bis sie warm sind	Zu den Stoßzeiten ist die Dusche immer sehr voll
13 Verlassen des Studios	Freundliches Personal	Morgens nicht so nettes Check-Out Personal	Freundliches Personal

	4	5	6	7
1	Lange Suche nach Parkplatz ab 16 Uhr	Super, ich brauch für die ersten 1,5 h in der Tiefgarage nichts zahlen.	Leider darf man nur 1,5 h umsonst Parken	Noch nie genutzt
2	Mir pfeifen immer die Alkoholiker hinterher	Ich fühle mich unsicher auf diesem Weg	Vor dem Studio laufen viele Besoffene rum	Der Weg von der Haltestelle ist sehr weit
3	Sehr herzliche Begrüßung	Gute Atmosphäre	Super Empfang	Super Empfang
4	Freundliche Begrüßung	Immer ist meine Lieblingsschranknummer weg	Freundliches Personal	Freundliche Begrüßung
5	Schöne Dekoration	Manchmal komische Leute im Hausflur	Sehr sauber	Super durch den Fahrstuhl
6	Super Wegweisung zu der Sauna und den Toiletten	Schön hell und freundliche Atmosphäre	Sehr sauber überall	Ich bekomme immer einen Schrank an der Dusche, jedesmal ist da der Boden Nass
7	Die Luft steht in diesem Bereich	Noch nie genutzt	Pulsmesser funktionieren an einigen Geräten nicht	Noch nie genutzt
8	Physiotherapeut fehlt	Noch nie genutzt	Trainer quatschen oft nur mit ihren Kumpels	Noch nie genutzt
9	Noch nie genutzt	Noch nie genutzt	Noch nie genutzt	Oftmals nur zwei Leute im Kurs "Rückenfit"

10	Noch nie genutzt	Der Saunaduft "Minze" war toll	Die Sauna ist manchmal viel zu kalt	Noch nie genutzt
11	Noch nie genutzt	Zeitschriften nicht aktuell	Die Musik ist manchmal zu laut	Noch nie genutzt
12	Seifenhalter bei der zweiten Dusche Herren fehlt	Schöne Duschen, könnten jedoch ein wenig länger laufen	Nach dem drücken gehen sie schnell wieder aus	Leider kommt nur alle 30 min jemand hoch zum Wischen
13	Freundliches Personal	Freundliche Verabschiedung	Freundliches Personal	Ab und zu steht da einer den ich nicht mag

	8	9	10	11
1	Gut das man 1,5 Stunden umsonst Parken kann	Keine Papierkörbe, der Müll liegt rum	Vor dem Supermarkt stehen Alkoholiker und saufen	Super Parkmöglichkeit in der Tiefgarage
2	Kurzer Weg, super	Es ist lustig mit den Alkoholikern	Oft wird man angepöbelt	Vor dem Studio laufen komische Menschen rum
3	Super Empfang	Gute Atmosphäre	Gute Atmosphäre	Super Empfang
4	Positiv, weil ich immer einen Großen Schrank bekomme	Freundliches Personal	Positiv, weil ich immer einen Großen Schrank bekomme	Freundliche Begrüßung
5	Schöne Dekoration	Sehr Sauber	Manchmal riecht es nach Essen	Schöne Dekoration
6	Noch nie genutzt	Im großen und ganzen ok	Jedesmal bekommt einer den Schrank direkt neben mir	Toller Umkleidebereich
7	Die Ellipsen sind oft besetzt	Pulsmesser immer defekt	Pulsmesser immer defekt	Einige Kopfhörerbuxen haben einen Wackelkontakt
8	An Geräten fehlt nichts	Physiotherapeut fehlt	Geräte immer sauber und funktionstüchtig	Trainer quatschen oft mit Ihren Freunden
9	Noch nie genutzt	Super Stimmung in den Kursen	Die Kurse fallen oft aus und die Teilnahme ist eher gering	Die Kurstrainerin bei "Pump" macht ständig das gleiche

10	Noch nie genutzt	Sauna ist ab und an zu Kalt	Die Sauna ist oft zu Heiß	Super Erholung
11	Noch nie genutzt	Keine Zeitschriften da	Die Musik könnte einen tick leiser sein	Tolle Wasserbetten
12	Noch nie genutzt	Wenn die Gullys verstopft sind dann läuft das Wasser nicht ab	Zu den Stoßzeiten ist die Dusche immer sehr voll	Zum Duschen perfekt
13	Freundliches Personal	Freundliches Personal	Stets positive Stimmung	Leute die einem entgegen kommen sind freundlich

	12	13	14	15
1	Lange Suche nach Parkplatz ab 16 Uhr	Keine Papierkörbe, der Müll liegt rum	Ich fahr jedesmal drei Runden bis ich einen Park-platz bekomme	Noch nie genutzt
2	Ich fühle mich un-sicher auf diesem Weg	Vor dem Studio laufen komische Menschen rum	Kurzer Weg, su-per	Die Bahn hält in einer komischen Gegend
3	Werde oft nicht Wahrgenommen	Super Empfang	Super Empfang	Super Empfang
4	Freundliches Per-sonal	Nie lange Wartezei-ten beim Check-IN	immer ist meine Lieblingsschrank-nummer weg	Positiv, weil ich immer einen Gro-ßen Schrank be-komme
5	Super durch den Fahrstuhl	Tolle Fotos an den Wänden	Schöne Dekorati-on	Leute die einem entgegenkommen, sind sehr freund-lich
6	Es riecht öfters nach Gully	Gute Raumauftei-lung	Sehr sauber über-all	Toller Umkleide-bereich
7	Noch nie genutzt	Auf den Fernsehern liegen Staubflocken	Noch nie genutzt	Die Ellipsen sind oft besetzt
8	Noch nie genutzt	Noch nie genutzt	Super Geräte	Immer Trainer auf der Trainingsflä-che
9	Noch nie genutzt	Noch nie genutzt	Noch nie genutzt	Super Musik, Stimmung und Trainer
10	Dienstag Abend	Der automatische	Noch nie genutzt	Noch nie genutzt

	ist es immer sehr laut	Aufguss ist super		
11	Dienstag Abend ist es immer sehr laut	Manche Leute liegen ohne Handtuch da	Noch nie genutzt	Noch nie genutzt
12	Nach dem drücken gehen sie schnell wieder aus	Zu den Stoßzeiten wird es sehr eng in der Dusche	Nicht genügend Haken für die Handtücher	Es muss öfters abgezogen werden sonst liegen die Haare überall
13	Freundliches Personal	Nie lange Wartezeiten beim Check-Out	Check-Out Personal, morgens sehr unfreundlich	Freundliche Verabschiedung

	16	17	18	19
1	Vor dem Super-markt stehen Al-koholiker und sau-fen	Lange Suche nach Parkplatz ab 16 Uhr	Ich bekomme oft ein Knöllchen weil 1,5 h Parkdauer zu wenig ist	Super Parkmög-lichkeit in der Tiefgarage
2	Kurzer Weg, super	Kurzer Weg, su-per	Man wird oft an-gesprochen	Mir pfeifen immer irgendwelche Leu-te hinterher
3	Oft riecht es nach Essen	Gute Atmosphäre	Gute Atmosphäre	Super Empfang
4	Ich bekomme fast immer meinen Wunschschrank	Freundliches Per-sonal	Freundliche Be-grüßung	Freundliches Per-sonal
5	Super durch den Fahrstuhl	Schöne Dekorati-on	Super durch den Fahrstuhl	Sehr sauber
6	Schränke bei den Duschen sind blöd, sonst ok	Sehr zufrieden	Sehr sauber über-all	Bei einigen Schränken be-kommt man den Schlüssel schlecht raus
7	Die Anzeigen beim zweiten Fahrradtergometer spinnt	Noch nie genutzt	Pulsmesser immer defekt	Durch das Cardi-okino vergeht die Zeit
8	Gute Trainer-betreuung	Noch nie genutzt	Immer Trainer auf der Trainingsflä-che	Super Geräte
9	Super Stimmung in den Kursen	Noch nie genutzt	Die Spinningtrai-ner sind Weltklas-se	Die Stimmung beim Spinning-kurs ist super

10	Erlebnissauna ist toll	Der automatische Aufguss ist super	Gute Luft in der Sauna	Noch nie genutzt
11	Die Schwalldusche ist zu Heiß	Musik stört	Die Zeitungen sind schon alt	Noch nie genutzt
12	Gullys verstopft	Der Duschstrahl ist ein bisschen weich eingestellt	Nach dem drücken gehen sie schnell wieder aus	Die Fliesen sind zu glatt zum Barfuß gehen
13	Positiv da ständiger wechsel bei Check-Out Personal	Freundliches Personal	Stets positive Stimmung	Freundliches Personal

	20	21	22	23
1	Parken direkt vor dem Eingang möglich	Keine Papierkörbe, der Müll liegt rum	Leider darf man nur 1,5 h umsonst Parken	Noch nie genutzt
2	Ich fühle mich unsicher auf diesem Weg	Vor dem Studio laufen komische Menschen rum	Der Eingang war beim ersten mal schwer zu finden	Ich fühle mich unsicher auf diesem Weg
3	Oft riecht es nach Essen	Ab 17 Uhr ist es sehr voll	Super Empfang	Super Empfang
4	Ich bekomme fast immer meinen Wunschschrank	Freundliches Personal	Immer ist meine Lieblingsschranknummer weg	Freundliches Personal
5	Alkoholiker öfters im Treppenhaus	Schöne Dekoration	Sehr Sauber	Schön Hell
6	Ab und zu riecht es mal aber sonst ok	Jedesmal bekomme ich einen kleinen Schrank und oft ist es der untere	Sehr Sauber	Noch nie genutzt
7	Stepper sind doof	Noch nie genutzt	Die Luft steht in diesem Bereich	Pulsmesser immer defekt
8	Super Geräte	Noch nie genutzt	Immer Trainer auf der Trainingsfläche	Gute Trainerbetreuung
9	Schöne Vielfalt bei den Kursen	Noch nie genutzt	Noch nie genutzt	Noch nie genutzt
10	Erlebnissauna ist immer nur Abends	Negativ, Saunatemperatur ist immer unter 80	Noch nie genutzt	Noch nie genutzt

		Grad		
11	Musik war aus	Musik war aus	Noch nie genutzt	Noch nie genutzt
12	Zu den Stoßzeiten wird es sehr eng in der Dusche	Nicht genügend Haken für die Handtücher	Wenn die Gullys verstopft sind dann läuft das Wasser nicht ab	Noch nie genutzt
13	Freundliche Ver-abschiedung	Freundliches Per-sonal	Nie lange Warte-zeiten beim Check-Out	Freundliches Per-sonal

	25	26	27	28
1	Schöner gepflasterter Parkplatz, Mülleimer fehlen jedoch	Ich bekomme oft ein Knöllchen weil 1,5 h Parkdauer zu wenig ist	1,5 h freiparken ist zu wenig	Noch nie genutzt
2	Vor dem Studio laufen viele Besoffene rum	Kurzer Weg, super	Der Fahrstuhl ist super	Top Bahnanbindung
3	Gute Atmosphäre	Super Empfang	Gute Atmosphäre	Super Empfang
4	Ich bekomme fast immer meinen Wunschschrank	Freundliche Begrüßung	Freundliches Personal	Freundliches Personal
5	Schöne Dekoration	Manchmal riecht es nach Essen	Fotos an der Wand nicht mehr aktuell	Schöne Dekoration
6	Bei einigen Schränken bekommt man den Schlüssel schlecht raus	Sehr sauber	Toller Umkleidebereich	Noch nie genutzt
7	Die Luft steht in diesem Bereich	Das Kreistraining war super	Wenn was defekt dann immer schnelle Reparatur	Desinfektionsspray ist manchmal alle
8	Super Geräte	Physiotherapeut fehlt	Geräte immer sauber und funktionstüchtig	Gute Trainerbetreuung
9	Schöne Vielfalt bei den Kursen	Noch nie genutzt	Die Kurse Bauch und Rückenfit fallen oft aus	Noch nie genutzt

10	Entspannte Atmo-sphäre	Noch nie genutzt	Sauna ist ab und an zu Kalt, sonst super	Noch nie genutzt
11	Musik war zu lei-se	Noch nie genutzt	Zeitungen fehlen	Noch nie genutzt
12	Es dauert sehr lange bis sie warm sind	Nach dem drü-cken gehen sie schnell wieder aus	Die Duschen sind super	Noch nie genutzt
13	Nie lange Warte-zeiten beim Check-Out	Stets positive Stimmung	Freundliches Per-sonal	Freundliches Per-sonal

	29	30	31	32
1	Vor dem Super-markt stehen Al-koholiker und saufen	Vor dem Super-markt stehen Al-koholiker und saufen	Noch nie genutzt	Lange Suche nach Parkplatz
2	Parkt man in der Tiefgarage, braucht man nur die Treppe hoch	Oft wird man an-gepöbelt	Ich fühle mich unsicher auf die-sem Weg	Mir pfeifen immer die Alkoholiker hinterher
3	Gute Atmosphäre	Oft riecht es nach Essen	Gute Atmosphäre	Super Empfang
4	Positiv, weil ich immer einen Gro-ßen Schrank be-komme	Negativ wenn ich einen Schrank bekomme genau neben einem an-deren	Ich bekomme fast immer meinen Wunsch Schrank	Freundliche Be-grüßung
5	Manchmal komi-sche Leute im Hausflur	Manchmal riecht es nach Essen	Schöne Dekorati-on	Super durch den Fahrstuhl
6	Sehr übersichtlich	Gute Schrankan-ordnung	Die Pinkelbecken werden nicht ge-spült	Es riecht öfters nach Gully
7	Noch nie genutzt	Viele Leute ma-chen die Geräte oft nicht sauber	Die Luft steht in diesem Bereich	Das Kreistraining war super
8	Noch nie genutzt	Trainer quatschen oft mit Ihren Freunden	An Geräten fehlt nichts	Noch nie genutzt
9	Noch nie genutzt	Die Spinningkurse machen richtig Spaß	Die Spinningräder haben oft Mängel	Schöne Kursges-taltungen

10	Manche Leute legen sich kein Handtuch unter die Füße	Eine Glühbirne defekt	Der Luftschlitz lässt sich nicht schließen	Noch nie genutzt
11	Musik viel zu laut	Immer die gleiche Musik	Die Aufgussma-schine erschreckt mich jedes mal	Noch nie genutzt
12	Das Wasser fließt nicht richtig ab	Zu den Stoßzeiten wird es sehr eng in der Dusche	Seifenhalter bei der zweiten Du-sche Herren fehlt	Schöne Duschen, könnten jedoch ein wenig länger laufen
13	Freundliche Ver-abschiedung	Stets positive Stimmung	Nie lange Warte-zeiten beim Check-Out	Freundliche Ver-abschiedung

	33	34	35	36
1	Ich bekomme oft ein Knöllchen weil 1,5 h Parkdauer zu wenig ist	Draußen kann man nicht parken, da bekommt man nur Kratzer	Lange Suche nach Parkplatz ab 16 Uhr	Noch nie genutzt
2	Der Fahrstuhl ist super	Vor dem Studio laufen komische Menschen rum	Der Eingang war beim ersten mal schwer zu finden	Kurzer Weg, positiv
3	Oft riecht es nach Essen	Super Empfang	Super Empfang	Super Empfang
4	Immer ist meine Lieblingsschranknummer weg	Freundliches Personal	Freundliches Personal	Ich bekomme fast immer meinen Wunschschrank
5	Schöne Dekoration	Schöne Dekoration	Leute die einem entgegenkommen, sind sehr freundlich	Super durch den Fahrstuhl
6	Bei einigen Schränken bekommt man den Schlüssel schlecht raus	Ab Schranknummer 53 bis 57 bekommt man nasse Füße	Noch nie genutzt	Sehr übersichtlich und sauber
7	Viele Leute machen die Geräte oft nicht sauber	Noch nie genutzt	Die Laufbänder sind oft besetzt	Beim Cardiokino fehlt N-TV
8	Gute Trainerbetreuung	Noch nie genutzt	An Geräten fehlt nichts	Super Geräte
9	Oftmals nur wenige Leute in den Kursen	Super das es jetzt zwei Kurse im Vormittagsbereich	Noch nie genutzt	Die Musik ist manchmal zu laut

		gibt		
10	Die verschiedenen Duftsorten sind toll	Noch nie genutzt	Noch nie genutzt	Noch nie genutzt
11	Sauna war am Anfang zu Kalt	Noch nie genutzt	Noch nie genutzt	Noch nie genutzt
12	Nach dem drücken gehen sie schnell wieder aus	Nach dem drücken gehen sie schnell wieder aus	Noch nie genutzt	Gullys verstopft
13	Morgens nicht so nette Verabschiedung	Freundliches Personal	Freundliches Personal	Nie lange Wartezeiten beim Check-Out

	37	38	39	40
1	Bei Glatteis wird nicht rechtzeitig gestreut	Noch nie genutzt	Leider gibt es nur drei Behindertenparkplätze	Vor dem Supermarkt stehen Alkoholiker und saufen
2	Super durch die Tiefgarage	Ich fühle mich unsicher auf diesem Weg	Vor dem Studio laufen komische Menschen rum	Oft wird man angepöbelt
3	Super Empfang	Gute Atmosphäre	Gute Atmosphäre	Gute Atmosphäre
4	Freundliches Personal	Nie lange Wartezeiten beim Check-IN	Positiv da ständiger wechsel bei Check-In Personal	Freundliches Personal
5	Schöne Dekoration	Super durch den Fahrstuhl	Schöne Dekoration	Schöne Dekoration
6	Sehr sauber	Positiv, ich bekomme immer einen großen Schrank	Sehr sauber	Ab Schranknummer 53 bis 57 bekommt man nasse Füße
7	Die Luft steht in diesem Bereich	Noch nie genutzt	Negativ, da einige Leute die Geräte reservieren	Die Luft steht in diesem Bereich
8	Gute Trainerbetreuung	Noch nie genutzt	Gute Trainerbetreuung	Trainingsfläche könnte größer sein
9	Noch nie genutzt	Noch nie genutzt	Der Kurs "Pump" ist sehr motivierend	Kurse fallen oft aus
10	Noch nie genutzt	Der automatische Aufguss ist super	Dienstag Abend ist es immer sehr laut	Sauna ist zu Kalt, muss min-

				destens 90 Grad haben
11	Noch nie genutzt	Keine Zeitschriften da	Dienstag Abend ist es immer sehr laut	Die Musik ist oft zu laut
12	Nicht genügend Haken für die Handtücher	Bei den Frauen läuft das Wasser nicht richtig ab	Seifenhalter bei der zweiten Dusche Herren fehlt	Nach dem drücken gehen sie schnell wieder aus
13	Freundliches Personal	Freundliche Verabschiedung	Positiv da ständiger wechsel bei Check-Out Personal	Freundliches Personal

	41	42	43	44
1	Tiefgarage ist super, besonders im Winter	Mülleimer fehlen auf dem Parkplatz	Sieht sehr unaufgeräumt aus	Vor dem Supermarkt stehen Alkoholiker und saufen
2	Einmal bin ich im Fahrstuhl stecken geblieben	Kurzer Weg, positiv	Wenn man in der Tiefgarage parkt dann super	Mir pfeifen immer die Alkoholiker hinterher
3	Oft riecht es nach Essen	Oft riecht es nach Essen	Oft riecht es nach Essen	Super Empfang
4	Freundliches Personal	Ich bekomme fast immer meinen Wunschschrank	Freundliche Begrüßung	Freundliches Personal
5	Tolle Fotos an den Wänden	Sehr Sauber	Schöne Dekoration	Schöne Dekoration
6	Bei einigen Schränken bekommt man den Schlüssel schlecht raus	Es riecht öfters nach Gully	Toller Umkleidebereich	Noch nie genutzt
7	Pulsmesser immer defekt	Noch nie genutzt	Einige Kopfhörerbuxen haben einen Wackelkontakt	Viele Leute machen die Geräte oft nicht sauber
8	Gute Trainerbetreuung	Noch nie genutzt	Trainer quatschen oft mit Ihren Freunden	Gute Trainerbetreuung
9	Lieblingstrainerin macht jetzt einen Kurs mehr die	Noch nie genutzt	Noch nie genutzt	Noch nie genutzt

	Woche			
10	Eine Glühbirne defekt	Sauna darf max. 80 Grad haben	Super Erholung	Noch nie genutzt
11	Sauna war ein wenig heiß	Keine Zeitschriften da	Die Musik ist oft zu laut	Noch nie genutzt
12	Zu den Stoßzeiten wird es sehr eng in der Dusche	Nach dem drücken gehen sie schnell wieder aus	Gullys verstopft	Noch nie genutzt
13	Freundliches Personal	Nie lange Wartezeiten beim Check-Out	Nie lange Wartezeiten beim Check-Out	Freundliches Personal

	45	46	47	48
1	Noch nie genutzt	Noch nie genutzt	Ich bekomme oft ein Knöllchen weil 1,5 h Parkdauer zu wenig ist	Vor dem Supermarkt stehen Alkoholiker und saufen
2	Mir pfeifen immer die Alkoholiker hinterher	Vor dem Studio laufen viele Besoffene rum	Ich fühle mich unsicher auf diesem Weg	Kurzer Weg, positiv
3	Super Empfang	Gute Atmosphäre	Gute Atmosphäre	Gute Atmosphäre
4	Nie lange Wartezeiten beim Check-IN	immer ist meine Lieblingsschranknummer weg	Freundliche Begrüßung	Freundliches Personal
5	Tolle Fotos an den Wänden	Super durch den Fahrstuhl	Schöne Dekoration	Schöne Dekoration
6	Noch nie genutzt	Jedesmal bekomme ich einen kleinen Schrank und oft ist es der untere	Noch nie genutzt	Noch nie genutzt
7	Das Kreistraining findet zu selten statt	Pulsmesser immer defekt	Pulsmesser immer defekt	Viele Leute machen die Geräte oft nicht sauber
8	Geräte immer sauber und funktionstüchtig	An Geräten fehlt nichts	Physiotherapeut fehlt	Trainer quatschen oft mit Ihren Freunden
9	Super Musik, Stimmung und Trainer	Oftmals nur wenige Leute in den Kursen	Noch nie genutzt	Noch nie genutzt

10	Der automatische Aufguss ist super	Der automatische Aufguss ist super	Noch nie genutzt	Noch nie genutzt
11	Die Musik ist oft zu laut	Super entspannend	Noch nie genutzt	Noch nie genutzt
12	Nicht genügend Haken für die Handtücher	Es dauert sehr lange bis sie warm sind	Noch nie genutzt	Gullys verstopft
13	Freundliche Verabschiedung	Freundliche Verabschiedung	Leute die einem entgegen kommen sind freundlich	Freundliches Personal

Zustimmung						Wichtigkeit der Beseitigung				
stark			schwach		n.a.	stark				schwach
5	4	3	2	1	0	5	4	3	2	1

n.a. = nicht aufgetreten

Meistgenanntes Problem	Mitglied	1	2	3	4	5	6	7	8	9
1 Die Parkdauer ist zu Kurz.	Zustimmung	5	4	0	4	5	5	0	3	4
	Beseitigung	5	4	0	5	5	5	0	4	4
2 Gegen die Alkoholiker vor dem Getränkemarkt muss etwas getan werden.	Zustimmung	3	5	1	5	5	5	3	1	1
	Beseitigung	3	5	2	5	5	5	4	2	3
3 Der Geruch beim betreten des Studios ist nicht schön. (Es riecht nach Essen etc.)	Zustimmung	1	1	1	1	2	3	2	1	1
	Beseitigung	1	1	1	1	1	4	3	1	1
4 Das Personal bekommt die richtige Schrankvergabe nicht hin.	Zustimmung	1	2	1	1	5	1	4	5	5
	Beseitigung	1	1	1	1	5	1	5	5	5
5 Es befinden sich manchmal fremde Personen im Aufgang.	Zustimmung	1	1	1	1	5	1	5	5	1
	Beseitigung	1	1	1	1	4	1	5	5	1
6 Der Bereich vor den Duschen ist oft Nass.	Zustimmung	2	3	3	4	5	5	0	3	2
	Beseitigung	1	3	3	5	5	5	0	2	3
7 Einige Schlüssel verkannten im Schloss der Umkleideschränke.	Zustimmung	2	3	2	1	1	3	0	2	3
	Beseitigung	3	4	3	1	1	3	0	3	2
8 In der Umkleidekabine riecht es öfters unangenehm.	Zustimmung	1	2	4	3	3	4	0	2	4
	Beseitigung	1	2	5	5	3	5	0	4	5
9 Pulsmesser an einigen Geräten defekt.	Zustimmung	5	5	3	5	0	5	0	5	5
	Beseitigung	5	4	1	2	0	4	0	1	5
10 Sehr schlechte Luft im Cardiobereich.	Zustimmung	3	4	5	5	0	4	0	5	3
	Beseitigung	4	5	5	5	0	5	0	5	5
11 Es fehlt ein Physiotherapeut auf der Trainingsfläche.	Zustimmung	1	4	3	5	0	1	0	4	5

		1	2	3	5	0	1	0	3	5
	Beseitigung	1	2	3	5	0	1	0	3	5
1 1 1 2	Trainer quatschen viel mit Freunden. — Zustimmung	3	2	2	1	0	5	0	1	2
	Beseitigung	5	2	1	2	0	5	0	2	1
1 3	Die Kurse sind nicht so gut besucht. Aus diesem Grund fallen viele aus. — Zustimmung	0	2	5	0	0	0	5	0	2
	Beseitigung	0	2	5	0	0	0	5	0	4
1 4	Temperatur in der Sauna ist meistens nicht angemessen. — Zustimmung	0	1	4	0	1	5	0	0	5
	Beseitigung	0	1	5	0	1	5	0	0	5
1 5	Zeitschriften im Ruheraum sind nicht aktuell oder gar nicht vorhanden. — Zustimmung	0	5	4	0	5	3	0	0	5
	Beseitigung	0	5	5	0	5	1	0	0	5
1 6	Die Lautstärke der Musik im Ruheraum ist nicht angemessen. — Zustimmung	0	3	2	0	1	5	0	0	2
	Beseitigung	0	3	2	0	1	5	0	0	4
1 7	Wasserstrahldauer beim duschen ist zu kurz. — Zustimmung	5	5	4	5	5	5	4	0	4
	Beseitigung	5	5	3	5	5	5	5	0	5
1 8	Der Abfluss in den Duschen ist oft verstopft. — Zustimmung	1	3	2	1	1	4	5	0	5
	Beseitigung	1	4	4	1	1	5	5	0	5
1 9	Unfreundliches Personal im Vormittagsbereich. — Zustimmung	0	5	0	0	1	0	5	4	0
	Beseitigung	0	5	0	0	1	0	5	5	0

	10	11	12	13	14	15	16	17	18	19	20	21	22	23	24	25	26	27	28	29	30	31	32
1	5	4	5	5	2	0	4	5	5	3	5	4	5	0	5	5	5	5	0	4	5	0	5
	5	5	5	5	2	0	4	5	5	3	4	4	4	0	5	5	5	5	0	3	5	0	5
2	5	5	5	5	2	3	2	2	4	4	5	5	3	5	2	5	1	1	2	2	5	5	5
	5	5	5	5	3	3	3	3	5	5	5	5	4	5	4	5	3	2	3	2	5	5	5
3	4	2	1	1	1	1	5	2	3	4	5	2	1	2	2	2	5	3	2	2	5	2	2
	5	3	1	1	1	1	5	3	2	4	5	3	1	1	1	2	5	4	3	2	5	2	3
4	1	2	3	5	5	1	2	4	3	2	2	1	5	2	1	1	1	4	3	1	5	2	1
	1	2	3	5	5	1	1	5	4	1	2	1	4	2	1	1	2	3	2	1	5	4	1
5	1	1	1	1	1	1	1	1	1	1	5	1	1	1	1	1	1	1	3	5	1	1	1
	1	1	1	1	1	1	1	1	1	1	5	1	1	1	1	1	1	1	2	5	1	1	1
6	2	1	3	4	2	1	5	2	4	3	2	5	5	0	3	2	3	1	0	3	2	4	2
	1	1	4	5	2	1	5	3	5	3	2	5	5	0	2	4	2	1	0	3	2	5	2
7	2	3	2	1	1	2	1	3	3	5	4	2	3	0	5	2	3	2	0	4	2	4	4
	3	3	3	1	1	1	1	5	4	5	4	2	4	0	5	3	5	4	0	4	1	5	5
8	5	2	5	3	3	4	5	4	3	2	5	2	2	0	5	1	3	1	0	3	2	2	5
	5	1	5	3	5	5	5	5	3	1	5	4	3	0	5	1	3	1	0	4	3	1	5

9	5	4	0	5	0	3	1	0	5	5	4	0	5	5	5	3	5	4	5	0	5	5	3
	5	5	0	3	0	2	1	0	5	1	5	0	5	5	5	3	1	5	5	0	5	5	4
10	3	5	0	1	0	3	5	0	5	5	4	0	5	3	2	5	5	5	3	0	5	5	4
	4	3	0	1	0	3	5	0	5	5	5	0	5	4	2	5	5	5	5	0	5	5	5
11	3	2	0	0	4	5	1	0	2	2	2	0	3	4	4	1	5	5	4	0	3	2	0
	3	3	0	0	5	5	1	0	1	2	1	0	3	3	5	1	5	5	5	0	2	2	0
12	1	5	0	0	1	3	2	0	2	1	3	0	2	2	3	2	4	2	3	0	5	3	0
	1	5	0	0	1	2	1	0	2	3	5	0	1	3	1	2	5	3	3	0	5	4	0
13	5	1	0	0	0	1	3	0	2	1	1	0	0	0	3	4	0	5	0	0	5	5	5
	5	1	0	0	0	1	2	0	1	1	1	0	0	0	5	5	0	5	0	0	5	3	3
14	5	1	3	4	0	0	5	3	5	0	1	5	0	0	1	1	0	5	0	3	4	3	0
	5	1	2	5	0	0	5	3	5	0	1	5	0	0	1	1	0	5	0	4	3	3	0
15	4	5	5	4	0	0	4	3	5	0	5	5	0	0	5	4	0	5	0	1	4	5	0
	5	5	5	5	0	0	1	5	5	0	5	5	0	0	5	5	0	2	0	1	4	5	0
16	5	3	5	1	0	0	4	5	2	0	5	5	0	0	2	5	0	3	0	5	5	4	0
	5	4	5	1	0	0	5	5	1	0	5	5	0	0	2	5	0	3	0	5	5	5	0
17	4	5	5	5	5	3	4	5	5	4	3	4	5	0	5	4	5	3	0	4	5	5	5
	5	5	5	5	5	2	5	5	5	5	3	5	5	0	5	4	5	4	0	5	5	5	5
18	3	5	1	2	4	1	5	1	5	5	2	2	5	0	2	2	1	2	0	5	1	4	5
	5	5	1	3	5	1	5	1	5	5	5	4	5	0	5	4	1	1	0	5	1	5	5
19	0	1	0	0	5	0	0	1	1	5	0	5	0	0	0	1	5	5	0	4	0	0	1
	0	1	0	0	5	0	0	1	1	5	0	5	0	0	0	1	5	5	0	5	0	0	1

	33	34	35	36	37	38	39	40	41	42	43	44	45	46	47	48	Summe	Lindqvist-Index
1	5	5	4	0	4	0	3	5	5	4	5	0	5	5	5	5	178	7,396
	5	5	5	0	4	0	2	5	5	5	5	0	5	5	5	5	177	
2	4	5	3	2	2	5	5	5	4	2	3	5	5	5	5	3	179	7,833
	4	5	3	2	3	5	5	5	5	3	4	5	5	5	5	4	197	
3	5	4	1	1	2	3	3	1	5	5	5	2	3	2	1	1	122	5,000
	4	2	1	1	3	3	3	1	5	3	4	3	5	1	1	1	118	
4	5	3	5	1	2	1	3	5	5	2	4	1	3	5	1	4	140	5,625
	4	3	5	1	2	1	2	5	5	3	3	1	4	5	1	3	130	
5	1	1	1	1	1	1	1	1	1	1	1	1	1	1	1	1	80	3,083
	1	1	1	1	1	1	1	1	1	1	1	1	1	1	1	1	68	
6	4	5	0	2	1	4	2	5	5	3	2	0	2	5	0	5	143	5,854
	5	5	0	1	2	3	4	5	5	3	2	0	3	5	0	5	138	
7	5	3	0	4	2	2	5	2	5	1	3	0	5	2	0	2	130	5,521
	5	3	0	5	2	3	5	4	5	1	4	0	5	2	0	2	135	
8	1	4	0	5	3	2	4	3	2	5	3	0	5	5	0	2	150	6,313
	1	4	0	5	3	3	5	3	4	5	4	0	5	5	0	3	153	
9	5	0	5	3	4	0	5	5	5	0	4	5	5	5	5	3	187	6,979
	5	0	5	4	5	0	5	2	5	0	5	5	5	1	5	4	148	

10	5	0	4	2	5	0	3	5	2	0	3	5	2	3	5	3	169	6,938
	5	0	5	4	5	0	4	5	1	0	4	5	3	4	5	3	164	
11	2	0	2	1	3	0	4	2	1	4	5	4	3	2	5	1	136	5,167
	2	0	3	1	4	0	3	2	1	3	5	4	4	2	5	1	112	
12	1	0	2	1	1	0	3	2	2	1	5	2	1	3	1	5	114	4,375
	2	0	1	1	1	0	4	2	3	1	5	2	1	2	1	5	96	
13	5	2	0	1	0	0	5	5	1	0	0	0	3	5	0	5	113	4,167
	5	1	0	1	0	0	5	5	1	0	0	0	5	5	0	5	87	
14	5	0	0	0	0	2	4	5	5	5	5	0	3	3	0	1	131	4,917
	5	0	0	0	0	1	5	5	5	5	5	0	4	3	0	1	105	
15	3	0	0	0	0	5	4	4	5	5	3	0	4	5	0	5	159	6,000
	4	0	0	0	0	5	5	5	5	5	1	0	5	5	0	5	129	
16	3	0	0	0	0	1	1	5	2	2	5	0	5	1	0	2	131	4,917
	5	0	0	0	0	1	1	5	1	3	5	0	5	2	0	1	105	
17	5	5	0	5	5	4	4	5	4	5	5	0	5	5	0	4	225	8,813
	5	5	0	4	3	5	5	5	5	5	5	0	5	5	0	5	198	
18	5	2	0	5	5	1	1	1	1	5	5	0	1	1	0	5	159	6,250
	5	2	0	5	5	1	1	1	1	5	5	0	1	1	0	5	141	
19	5	1	0	0	1	3	0	0	0	0	0	1	1	0	0	5	104	3,604
	5	1	0	0	1	4	0	0	0	0	0	1	1	0	0	5	69	

Anlage 4: Switching-Path-Analyse anhand einer telefonischen Befragung

Fragenkatalog	ehemaliges Mitglied	1	2	3	4
1	Kündigungsdatum	02.05.2008	08.05.2008	15.05.2008	19.05.2008
2	Wie lange hat sich die Entscheidung zu Kündigen hingezogen?	Ca. drei Monate	Nicht erreicht	Einen Monat	Ca. sechs Monate
3	Hat ein bestimmtes Ereignis den Kündigungsgedanken ausgelöst?	Umzug nach Hamburg	Nicht erreicht	Finanzieller Engpass	Studio zu weit weg
4	Wie war die Beziehung vor der Kündigung? (Sehr gut, gut, schlecht weil...)	Sehr gut	Nicht erreicht	Gut	Gut
5	Wie hat das Studio auf die Kündigung reagiert?	Mit einem freundlichen Bestätigungs-schreiben	Nicht erreicht	Kündigung war nur mit einem Attest vom Arzt möglich	Super durch das 30 Km Entfernungs-gesetz
6	Sind Sie jetzt in einem anderen Studio?	Ja	Nicht erreicht	Nein	Ja
7	Was gefällt ihnen dort besser als bei uns?	Es ist größer und die Geräte sind besser	Nicht erreicht	—	Gar nichts
8	Was gefiel ihnen bei uns besser?	Ihr seid billiger und die gute Stimmung ist viel besser.	Nicht erreicht	—	Alles

	5	6	7	8	9	10
1	26.05.2008	05.06.2008	10.06.2008	20.06.2008	23.06.2008	04.07.2008
2	Einen Monat	Ca. vier Monate	Ca. ein halbes Jahr	Ca. ein halbes Jahr	Ca. zwei Monate	Ca. drei Monate
3	Neuer Job, keine Zeit für Sport	Zu wenig Zeit	In einem Jahr nur 2 Kg abgenommen	Kommt mit den 14 tägigen Buchungen nicht zurecht	Zivildiens t, finanziell nicht mehr machbar	Umzug nach Berlin
4	Sehr gut	Sehr gut	Schlecht weil die Ziele nicht erreicht wurden	Gut	Sehr gut	Sehr gut
5	Leider kam ich erst drei Monate später aus dem Vertrag raus	Super	Mit einem freundlichen Bestätigungs-schreiben	Sie haben sich auf die Vertragslaufz eit berufen.	Sehr freundlich	Mit einem freundliche n Bestätigung s-schreiben
6	Nein	Immer noch in der Fitnessanlag e, mit 10er Karte	Ja, im Funtastik	Nein	Nein	Ja
7	—	—	Bessere Öffnungszeit en	—	—	Drei Saunen, mehr Kurse und bessere Cardiogerät e
8	—	—	Es ist sauberer	—	—	Die Stimmung
						war super

	11	12	13	14	15	16
1	04.07.2008	14.07.2008	17.07.2008	23.07.2008	28.07.2008	30.07.2008
2	Zwei Monate	Nicht erreicht	Ca. vier Monate	Ein halbes Jahr	Fünf Monate	Nicht erreicht
3	Konnte die Beiträge nicht mehr bezahlen	Nicht erreicht	Motivation verloren	In einem Jahr nur ca. 20 mal dagewesen	Die Sauna ist zu klein und zu heiß	Nicht erreicht
4	Gut	Nicht erreicht	Schlecht, es ist irgendwie immer das gleiche	Sehr gut	Sehr gut	Nicht erreicht
5	Keine Chance, den Vertrag früher zu kündigen	Nicht erreicht	Mit einem freundlichen Bestätigungs-schreiben	Mit einem freundlichen Bestätigungs-schreiben	Sehr freundlich	Nicht erreicht
6	Nein	Nicht erreicht	Nein	Nein	Sieben-Seen-Sportpark	Nicht erreicht
7	—	Nicht erreicht	—	—	Öffnungszeiten bis 24 Uhr, riesen Saunabereich	Nicht erreicht
8	—	Nicht erreicht	—	—	Es war nicht so anonym	Nicht erreicht

	17	18	19	20	21	22
1	04.08.2008	07.08.2008	12.08.2008	13.08.2008	18.08.2008	22.08.2008
2	Einen Monat	Ca. vier Monate	Ca. drei Monate	Ca. zwei Monate	War von Anfang an klar	Ein dreiviertel Jahr
3	Job verloren, kein Geld mehr	Am Anfang super Betreuung, wurde immer weniger	Umzug, Studio jetzt zu weit weg	Die Kurse wurden mit der Zeit langweilig	Ausbildungsende, Umzug nach Hamburg	Kommt mit den 14 tägigen Buchungen nicht zurecht
4	Gut	Schlecht, weil sich mehr um die neuen Mitglieder gekümmert wurde	Sehr gut	Sehr freundliches Personal	Sehr gut	Gut
5	Mit einem freundlichen Bestättigungs-schreiben	Es beruft sich auf die Vertragslaufzeiten	Trotz Vertrag war die Kündigung zum Monatsende möglich	Mit einem freundlichen Bestättigungs-schreiben	Trotz Vertrag war die Kündigung zum Monatsende möglich	Kündigung wurde zum regulären Ende bestätigt
6	Nein	Nein	Nein	El´Vita Fitness und Wellness Club	Nein	Nein
7	——	——	——	Viel mehr Kurse zu besseren Zeiten	——	——
8	——	——	——	Bessere Trainerbetreuung	——	——

	23	24	25	26	27	28
1	27.08.2008	01.09.2008	08.09.2008	16.09.2008	19.09.2008	19.09.2008
2	Kurzfristig	Ca. zwei Monate	Ca. drei Monate	Ca. ein Jahr	Nicht erreicht	Sieben Monate
3	Spielt jetzt Volleyball im Verein	Umzug nach Rostock	Grundwehrdienst bei der Bundeswehr	Wohnort jetzt 20 Km entfernt, dadurch wenig genutzt	Nicht erreicht	Schwangerschaft
4	Sehr gut	Sehr gut	Sehr gut	Sehr gut	Nicht erreicht	Sehr gut
5	Trotz verpassten Termin war die Kündigung möglich	Mit einem freundlichen Bestätigungs-schreiben	Mit einem freundlichen Bestätigungs-schreiben	Da es nur 20 Km war eine vorzeitige Kündigung nicht möglich.	Nicht erreicht	Mit einem freundlichen Bestätigungs-schreiben
6	Nein	Ja, McFit	Nein	Nein	Nicht erreicht	Nein
7	—	Super günstig, rund um die Uhr geöffnet	—	—	Nicht erreicht	—
8	—	Bei euch gab es Kurse und Sauna	—	—	Nicht erreicht	—